【新譯】
中國教育制度沿革史

郭秉文◎著
沈聿德◎譯
李淑萍◎校注

中央大學出版中心 | 遠流

郭秉文（1880-1969），是中國第一位留美教育學博士，也是民國初年著名的教育家，對中國大學校務的建構與實踐，影響極為深遠，被譽為「中國現代高等教育之父」。

1896年郭秉文先生與家人合影，此時青年郭秉文（後排右二）求學於上海清心書院。

1907-1908年，郭秉文先生（第二排右三）與牛津大學林肯學院林肯學社（Lincoln Society）成員合照。

1912-1913年，郭秉文先生（前排左一）與哥倫比亞大學師範學院的中國留學生。

郭秉文博士（右）與康乃爾大
學第一個中國兄弟會Rho PSI
會長康納泉先生（左）合照。

1943年5月「聯合國糧食及農業會議」中國代表團合影（上）、各國與會人士
（下）。

1920 年代，美國哥倫比亞大學教授、著名教育學者 William Heard Kilpatrick 訪華。

1944 年聯合國貨幣金融會議期間，郭秉文先生（中間）與時任央行總裁的中國代表孔祥熙博士（左一）及中國銀行創辦人貝祖貽先生（右一）合影。

1960年中美協會晚宴，郭秉文先生於現場致詞。

序

　　教，上所施下所效也；育，養子使作善也。這是《說文》對這兩個字的解釋，二字成詞，指的是教誨、培育，是上對下的一種關係，有一種規範性、引導性；惟這個詞，古代並不多見，用得比較多的是「教」和「學」，《論語》的「有教無類」、「學而時習之」、「不學詩無以言」等；《孟子》有「易子而教」；《禮記》有著名的〈學記〉，談「教學相長」；《荀子》有〈勸學篇〉，論學習的重要及態度、方法、目標等。學而設官、設校，便與制度有關了，郭秉文《中國教育制度沿革史》即旨在論教育制度在中國之沿革史。

　　郭秉文畢業於哥倫比亞大學，獲教育學博士。學成返國後，協助籌辦南京高等師範學院，爭取在南高的基礎上設立東南大學，並任校長。中央大學校史，上溯三江，年齡從南高算起，今已超過百歲。在校史上，郭秉文是一位奠基者，在他主持下的南高和東南大學，制度完備，名師雲集，絕對是中國數一數二的大學，特別是有二項創舉影響很大：其一是開放女禁，招考並錄取女大學生；其二是創辦暑假學校，向社會開放。以今天的角度來說，大學公共化、大學的社會責任，郭秉文早已在實踐。

　　《中國教育制度沿革史》原是他以英文書寫的博士論文，一九一四年在哥大教育學院正式出版。一九一六年，第一個譯本在中國出現，是周槃用文言文翻譯的；此後有二〇〇七年的福建教育出版社版，列入「二十世紀中國教育名著叢編」；有二〇一四年北京商務印書館版，列入「中華現代學術名著叢書」。由於郭秉文專業教育學者

及卓越教育家的雙重身分，此書在中國教育現代化及中國教育史的研究上，都影響深遠。

根據本校中文系李淑萍教授〈中大「秉文堂」溯源〉一文所載，在郭秉文曾孫甥女徐芝韻女士的努力下，近年來有關郭秉文及其教育思想、教育事業的研究，頗為熱絡，這也間接促成了《中國教育制度沿革史》在台灣的新譯及其出版，譯事委請畢業於中大英美語文學系的沈聿德負責，李淑萍老師且做了詳細的校訂，由中大出版中心出版。這一方面表示中大對老校長的敬重，另一方面也說明郭秉文這本百年前的教育學專書，至今仍富參考價值。

這是一部史書，從上古到周秦，乃至從漢到清，是前三章的內容；第四章是從傳統到現代的過渡，第五章是現代教育制度的建立，第六、七章即「現今」（民初）。可以看出，郭秉文把重心擺在晚清民初，在這個歷史轉折的關鍵年代，中國在抵禦外侮的屈辱與尋找出路的內部鬥爭中，「教育」成了翻轉國家命運的關鍵。

郭秉文以批判的角度，全面考察公共教育制度在中國從古到今的發展，他看出了教育和國家發展的關係，指出中國之所以落後和積弱不振，和教育欠缺「具體」和「實用」、欠缺反覆試驗和論證推理有關；在教育權責上，一定要盡可能避免中央集權和地方分權的極端化；在課程的規畫上，要提供新世代多樣的機會，要排除萬難讓他們接受基礎科學訓練、學習如何精確觀察並詳實記錄；在教學實務上，不能過分強調背誦，要改善方法，訓練學生觀察力，學習各種技能，應用在問題的解決上。此外，他對於女子教育有願景，對於師資之培育，則有很大的期待。

台灣政治解嚴（1987）迄今的三十年間，教改喊得震天價響，政府被民間逼得往前走，步履蹣跚，亂象紛陳。現在，不論十二年國民

義務教育，還是高等教育，問題都很多，這個時候，《中國教育制度沿革史》中文版在台灣出版，應該可以給我們帶來一些借鏡和啟發。

中央大學文學院院長暨出版中心總編輯

李瑞騰

目錄

孟祿序[1]

　　東方對於西方知識的需求，是東方各民族知識分子階層強烈意識到的事。相對地，西方也想了解東方的知識、抱負以及成就，即便這種需求對於西方各國而言，感受並非同等強烈。中國，素來是東方最龐大，而且就諸多方面而言，也最為偉大的民族；郭博士的這本書，描述並記錄了他們晚近以來，為了取得西方知識，所下的種種努力。同時，這本書也清楚爬梳了中國文化和教育制度長期演進下的各個階段。郭博士的這份研究，增進西方對於東方的理解，可謂貢獻重大。

　　長期與中國人接觸的西方觀察家，若較能同理思考的話，會感覺到，雖然就看待事物的觀點和探討的方式，中國人和西方人有所差異，但在才智上，兩方並無根本的不同，也絕對不存在孰優孰劣之分。這種說法，雖然出於他們的自身經驗，但人類文化學家和社會學家，能提出學理上的支持：學者認為，東方與西方的差別，在於知識與技術，並非才智。只不過，由於中國人所操持的生活價值觀念，與西方民族的大為迥異，乃至科學知識與現代技術未獲發展。現在，中國人總算重新看待科學知識與現代技術，想必世界即將就要看到中國快速且根本的改變。

　　進步的產生，大抵靠的是智慧；而智慧，則是才智與知識的加

---

1 【校訂按】本譯本所用英文原版係採郭秉文先生曾孫甥女 Carolyn Hsu 所提供之 *The Chinese System of Public Education*, Teachers College, Columbia University Contributions to Education, No. 64, published by Teachers College, Columbia University, New York City, 1915。謹此致謝！又，1916年商務印書館中文版加入「黃炎培序文」，惟英文原版中未見此序，本譯本忠於英文原版內容，故不贅錄。

乘，這就如同物理力是質量和動能的交互結果。中國民族，就像單單擁有質量，卻少了動能。中國人已有的才智，如果能夠加上現代科學知識，那麼，產生的結果，西方世界也只能佩服、加倍重視。

舉日本人為例吧！他們近來在軍備、商務、科學各方面努力獲得的成就，就是最佳的證明。也許，對於東方民族而言，自古以來就被看重的道德品格，以及社會實踐的成果，比起這些現代生活的產物，更具有本質上的意義，也更有基本價值。然而，西方世界的確對日本近來的成就給予高度評價，而連帶地，東方世界也逐漸同意這樣的看法。

中國以和平手段維護了單一國家認同，長達三千年；在這段漫長的時間裡，中國靠著同一塊土地的地力，就能維繫其組成龐雜之黎民百姓的生計，反觀西方民族，才不到幾百年，耗盡了自己土地的地力。這個國家除了創造出許多最具影響力的現代發明，如印刷術、火藥、指南針之外，也發展了日常生活可見的機械工藝和商貿能力，足以令人敬佩。中國絕對有能力，利用西方世界開發的方法，發展出一番成就。中國人若把現代科學知識，加到他們在農業、商貿、工業、政治、軍事方面已有的能力上，必能以其形而下的毅力和形而上的道德為基礎，傲然有成；這將使得西方世界不再無知、冷淡、充滿偏見地看待有關中國的一切事物。

郭博士的這本書，不僅讓中國人更明白其眼下肩負之任務，也讓西方世界更了解東方正在發生的變化——這些變化，關乎東、西雙方，而我們期盼其結果能創造雙贏。

保羅・孟祿（Paul Monroe）
哥倫比亞大學教師學院

前言

　　中國新的教育時代，挑起了世人興趣，因此，過去這幾年來，有幾本專門處理中國教育議題的英文書籍問世。其中，有瑪格麗特・波頓（Margaret E. Burton）的《中國的女子教育》（*The Education of Women in China*）、亨利・愛德恩・金 （Henry Edwin King）的《中國教育制度的晚近重建》（*The Educational System of China as Recently Reconstructed*），以及胡燕蓀（Yen Sun Ho）的《西方視野中的中國教育》（*Chinese Education from the Western Viewpoint*）。這些應時的著作，每本都闡述了諸多中國教育的面向，因此，在中國教育議題上，這些書都有參考價值。然而，世人還是十分需要一個針對中國公共教育制度之長期發展歷程的通盤說明，以全面理解古代和傳統教育制度在各個朝代下的興衰，以及現代教育制度在新民國政府下改革的局況。我的這份研究，企圖填補這個缺憾，同時，盡本人知識所能，首次代表中國向英語世界解開中國教育的糾結歷史。

　　在我處理這個研究主題時，資料的選擇和內容的比例分配，一直是難解的問題。儘管我自問謹慎，但讀者必然還是會發現，論文當中，有許多跟寫到的資料一樣重要的事，被我省略了；還有，某些部分應該要詳細說明，我卻以概述手法處理。即便有這些研究上的限制，我相信這份中國公共教育制度發展的整體概論，不僅僅對熱衷於中國教育的人大有幫助，同時也可以替未來的研究，照亮一條出路。

　　本論文的主要參考資料來源有二。其一，跟古代和傳統教育制度有關的資料，來自馬端臨的權威百科專書《文獻通考》；除了這本書

之外，也包含這本書的其他補充資料；另外，我也參考了畢歐（Édou-
ard Biot）的法文書《中國公共教育歷史文獻》（*Essai sur l'histoire de
l'instruction publique en Chine*）[1]。其二，跟現代教育有關的資料，則得
自中國的教育法令、教育部和其他教育機構的報告，以及目前各種官
方或民間的教育期刊。至於另外的資料來源，已條列於參考文獻中。

在此，謹向以下人士致謝：哥倫比亞大學教師學院的法林頓教授
（Farrington）、孟祿教授（Monroe），以及希爾戈斯教授（Hille-
gas）；哥倫比亞大學的夏德教授（Hirth）；長老教會海外差會的賽
勒博士（Sailer）；還有審讀我手稿的同事余先生和陳先生。我特別
要感謝負責我專科的兩位教授：也就是自始至終認真看待本研究的斯
特瑞博士（Strayer）和法林頓博士（Farrington）。

郭秉文

西元1914年6月1日於紐約

---

1 本書全名應為 *Essai sur l'histoire de l'instruction publique en Chine et de la corporation des lettrés*，
作者全名則是 Edouard Biot。

緒論

中國教育制度的發展，素來是研究歷史、政治、抑或教育的學生，深感興趣的主題。理解中國教育制度的沿革，或許便能一探人類歷史之初，中國如何帶領百姓，邁向高度文明，又如何一統數百萬計的黎民蒼生；同時從中獲知，中國為了延續政體與人民福祉，仰賴的治術為何。中國的教育制度，如何陶冶人民性格，穩定凝聚萬千民心，同時，面對現代環境，又如何想辦法自我適應，滿足新的需求。這些點滴經驗，對於有政治家風範的各國教育人士而言，充滿了實務應用上的價值。的確，這些紀錄即便談的是中國的錯誤與失敗，對教育界，仍然有某種貢獻。因為其他國家或許能引以為鑑，不會犯同樣的錯誤或陷入疏失中。一言以蔽之，中國教育發展史，跟其他國家的一樣，具有各種研究價值與管理上的經驗實例，可當成正面的標竿指南，也可作為負面的失敗借鑑。

然而，本論文無意撰寫中國教育全史。教育之發展，廣博浩大，欲寫全史，必然記錄中國民族知識與道德文化的全貌，概述生活中舉凡文學與科學、宗教與政治之多元面向。此外，還得一併探討影響中國人民族性與形塑其教育制度的駁雜成因。不過，本論文只是想以批判的角度，全覽公共教育制度從古至今的發展罷了。所謂「公共教育制度」一詞，係指政府為民眾教育所辦理與管控的學校系統。嚴格說來，時常與中國教育合為一談的科舉考試制度，並不包含在內；不過，這兩者之發展，素來密切相關，故僅略帶提及。就名義上來說，「公共教育制度」當然也不包括私人辦學的學校系統。然而，中國教

育的發展，私人辦學影響甚鉅，因為中國古代教育仰賴私人辦學至深。基於這些理由，本論文將一併評述科舉考試制度與私人辦學系統。無疑地，這些評述純屬次要，只是為了更加清楚解釋中國公共教育制度的演變。儘管研究範疇如此受限，然而論文之本質，實屬概論並非專論，講求廣博而非精深。之所以於深思熟慮後，採用這樣的研究方法，背後的原因非常簡單：比起考證某一歷史時期中國教育發展的專精研究，當前中國教育史的完整概論研究，更為迫切需要。

研究教育史的學生肯定能深刻體會，塑造歐美教育的眾多影響因素裡，宗教與政治，最為重要。這兩者同樣也是形塑中國教育的主要影響因素。在本論文的探討裡，我們會看到在中國教育的發展史上，舉凡儒家思想、佛教、道教、甚或是近年來的基督教，都直接或間接地影響了教育制度。我們也會注意到，自中國歷史發展之初，政治對教育的影響便十分重大。誠然，我們或許可以說，政府對教育投注的點滴心力，幾乎都出自於國家長治久安的考量。事實上，教育制度就是國家為求長治久安，培養治國理想的政治機制。學校就像國家精心設計的機器，製造符合國家期望的人民——在民主國家培養未來的領導者，在軍事國家鍛鍊未來的軍人。如此，各國透過教育制度，教養出符合其理想的人民。

談到影響中國教育發展的因素，除了宗教與政治之外，至少還有另一項，那就是「尊古、崇古」。尊崇過去歷史，是中國民族特有的民族性；中國人尊古、崇古，將目光聚焦於過去的榮耀，而非著眼未來的進步。如此現象，可能原因有二：其一，中國人不明白，社會進步是一種必然趨勢。數千年來，中國人民努力耕耘，卻始終淪入一個貴古賤今的觀念，彷彿越古老的文明越好，而一旦能回復實踐古老文明，一切便水到渠成；其二，崇拜古代聖賢。中國人對於聖賢之言

行，必倣效奉行，深怕一旦有未殆之處，便如犯下滔天大罪。宗教、政府，以及崇古風氣，時而加速教育發展，時而阻礙了教育的進步。這三項因素，無論以什麼樣的方式，都決定了中國教育的命運發展。

中國的制度是中國特性的表現；而中國的特性，則反映在中國的制度上，其中尤以教育制度為最。就精神上而言，中國人早就有平等意識，這也同樣反映在人民的教育制度上。在傳統的教育制度下，幾乎所有的百姓，不論社會階級地位，都有機會博取功名。出身卑微之人，單靠一己之力，最終卻能官拜高位的例子，屢見不鮮。如此這般的平等精神，也體現在現代的教育制度裡。政府興辦的學校也好，私人辦學的學校也罷，都是為了全民而設，為社會各階層所用。最起碼，在中國我們尚未看到專為特定階層設立的特別學校。就這方面來說，與德國比較也好，或某種程度上和英國、法國相比也罷，情況都大為不同。說真的，中國在這方面比美國還要進步。在美國，上層社會階級的家庭，依然毫不避諱，想方設法將小孩送進特定學校。如此情況，美東尤甚。

其次，與英、德兩國一樣，中國人向來以十分保守聞名。且就本質而言，這些國家的教育制度，也都算保守。在數百年來的考試制度、國子監，以及其他的教育機構上，都清楚可見中國民族特色之一的保守性格。然而，中國人的保守主義，並非無限上綱。幾世紀以來，考試制度與其教育機構經歷過的改變，證明這些制度絕非受傳統箝制，食古不化。改變或許緩慢，不過，一旦察覺現實的需要，明白執行之必然，面對制度的改變，我們不會遲疑半刻，更不會因為困難與阻礙而有所退卻。本研究將充分闡述，這裡所謂中國人的保守性格及其改革精神。

一般人若要評價其他國家的教育制度，當然會不自覺地拿自己國

家的教育制度相比。或許我們該問的是：比較的標準為何？無論答案是什麼，我們可以確定的是，要比較兩個教育制度，並不是用一套預先設定的條件作為判斷標準，而是考量每個教育制度，在個別環境中是否合宜。我們要問的不是孰優孰劣，而是哪一個教育制度與其社會政治背景較為合適。要評估一套教育制度的價值，除了考慮其設置環境外，別無他法。倘若沒有考量環境因素，在評估教育制度時，容易將理想條件下才成立的理想標準，套用在評估對象上。因此，評斷中國教育制度時，我們也得牢記，中國全面提供現代教育的政策，施行不過數年，無法像其他國家一樣，有足夠的時間發展出一套盡善盡美的教育制度。平心而論，比起其他國家，中國的表現，在世界教育史上毫不遜色。

然而，即便將差異條件納入考量，我們仍然懷疑，不同的教育制度是否真能互相比較。的確，不止一位比較教育的研究學者曾經表達，直接對比任意兩個教育制度的主要元素是不可行的。休斯（Hughes）說過：「我們可以將兩國的統計數據與表格，並置一起逐項對比，比較兩國校舍成本、兩國教職員薪資、兩國人民平均教育花費、每位學童的學校教育費用、學童上課的規制、學校校規的相對執行效率、接受高等教育的難易程度，以及其他族繁不及備載的項目；但這些數據未能真正直指核心問題。因為，真正的問題在於：『哪種國家教育制度能造就最好的人民？』而一旦設立了這個命題，我們便明白它的答案完全取決於『最好的人民』其含義為何？所謂『最好的人民』，在法國與德國的涵義，自然與它在英國或美國的涵義不同。由此顯見，要回答『哪個教育制度為優——德國或是英國？』這樣的問

題就算不是全然不可能，也是極為困難。」[1]透過上述思考，我們得到一個結論：要評斷中國的教育制度，必須極為謹慎。保險一點的作法，就是只看中國的制度，不必考量其他國家。切記一點，國家教育制度要能符合國家需要，那才算成功。

接下來，我們想問的是：為何中國在採納現代普及教育制度的作法，遠遠落後於他國？那是因為以前中國並沒有這樣的迫切需求。數百年來，因山嶽、海洋以及沙漠等天然屏障，中國少與西方國家交流。百姓在沒有火車、輪船、電報、電話，且報紙並不普及的環境下，過著簡單而平乏的生活。每個地區人民各安其業，各自成就於自我的小小世界。在這種情況下，傳統的教育制度便足以維繫國家的安全與人民的福祉。隨著來自西方國家的商賈與傳教士，引進蒸汽機，建置鐵道，讓中國人看見了一個更富足完滿的生活。更進一步來說，由於被迫與外國接觸，中國慘遭文明羞辱，乃至新國族主義的誕生。這種種一切，都使得中國不得不改變其社會、政治、教育等各方面的制度，以便於攘外安內。

討論至此，容我一提，有關國民教育運動的推行，即便在歐美各國也是晚近時期才興起的，一直到十九世紀後，才有顯著的發展。事實上，在進入現代社會前的數百年間，某些國家已經建立了全國性的教育制度。只不過其規模大小與今日相比，相差甚遠。然而，此類教育制度的重要及迫切性，老早就被一些偉大的教育思想家們開始倡導，例如：路德（Luther）、諾克斯（Knox）、莫爾卡斯特（Mulcaster），以及其他學者等等。

最後，還有一點要注意的是：雖然中國對於教育制度的改革，向

---

1 Hughes, *The Making of Citizens*, p. 4.

來反應遲緩，不過，長久以來，中國都認為教育是極為重要的。每每有文章討論中國近來熱衷於現代教育的推廣，並且認為此一現象大大改變了中國人對於教育的態度。事實上，渴求西方知識對中國人教育態度的改變，也僅在它剛引進中國之初。過去數百年來，中國尊術尚學的精神在面對現代教育時，始終如一，從未改變。我們尊術尚學的精神不變，是學習的本質改變了。古代中國教育憧憬的，是傳統經典裡文學與倫理的至善境界，而今日中國則嚮往西方科學講求的現實與實用主義。因為他們知道唯有透過這些管道，才能實現新的國族理想，成就愛國精神。

第一章　古代教育制度的起源
（西元前2357年～西元前1122年）

教育的濫觴

　　中國教育的起源，可以追溯至其文明發祥之初，社會與政治結構方興未艾之時。當時，先民的教育比起發展較為完備的文明時期而言，結構簡單，形式單純，內容籠統。遠古先民們，或在狩獵游牧的過渡時期，或在開墾定居的發展初期，他們教育下一代的內容，大抵以滿足基本需要的訓練為主，如打獵、捕魚、畜牧，以及農耕。個人透過每日生活經驗、家庭傳承、或者是部落種族，而學得這些技術。無論有意或是無心，當時教育的目的在於善用環境，創造生產，增加更多的物質資源。

　　組織明確的教育機構，在最早的考證紀錄中，當可遠溯至堯舜時期（西元前2357年～西元前2205年）。在堯舜統治時期，中國的政治、社會與知識的發展先進，它不但是中國歷史上的輝煌時期，更可類比於羅馬帝國的安東尼王朝。除了堯舜兩朝之外，在接續下來的夏朝（西元前2205年～西元前1766年）、商朝（西元前1766年～西元前1122年），不僅可以看到中國教育史上科舉考試制度的雛型，還能看到國家教育機構的起源，以及最早設置的學校與學院。這些當時的教育制度，發展迅速、完備，不但罕見於日後數千年的中國歷史，比起現今的教育制度也不遑多讓。

考試制度的設立

　　中國古代的教育制度與舉賢考試制度息息相關。考試制度的目的，在於揀選有能力的人來為國家服務。然而，中國的考試制度，原意在於測試在職官員的能力，這在中國最早的歷史紀錄中就已經存在[1]。考試制度緣自於古代聖賢的格言「舉賢任能」，因而被視作是選才任能的最佳辦法。據史料記載，古代賢君帝舜，每三年測試官員一次，測試三回後，依其結果，能者則加以拔擢，劣者則解除其職務[2]。不過，礙於當時文字尚在發展階段，保留下來的竹書木簡紀錄十分稀少[3]，我們無從得知考試的內容，也不清楚當時的官員受任用之前是否先接受考試。然而，這種定期舉辦考試的先例，卻被後人沿用到現代。

---

1 考試分為兩種，一種為職前考試，另一種為職後考試。職前考試原衍生自職後考試，不過，職前考試在發展過程中卻超越了職後考試。【校訂按】根據《尚書》、《史記》的記載，堯帝以二女嫁給舜，藉以觀其內；另派九子與舜共事，藉以觀其外。在堯帝考核合格後，舜得以繼承帝位。夏禹則因治水有功，通過舜帝的考核而繼位。這些過程雖不算是正式的考試制度，但基本上已具備舉賢任能的精神。

2 Legge, *The Chinese Classics*, Vol. III, Part I, p. 50. 【校訂按】《尚書·卷3·舜典》：「三載考績，三考，黜陟幽明，庶績咸熙 。」漢·孔安國·傳：「三年有成，故以考功。九歲則能否幽明有別，黜退其幽者，升進其明者。」唐·孔穎達·正義：「言帝命群官之後，經三載，乃考其功績，經三考則九載，黜陟幽明。明者升之，闇者退之。」（見《尚書正義》，南昌府學宋本《十三經注疏》，臺灣：藝文印書館，頁47-48。）

3 最早的書籍為簡策形式，亦即是刻寫文字的竹簡、木策。部分中國史學家慣稱堯舜之前就有大量的竹書木簡存在。不過，此一說法，並無可信的證據支持。【校訂按】根據可靠的出土文物考證，甲骨文是目前現存最早的文字系統，為晚商時期的代表，若據此上推文字的起源，並配合考古出土文物來看，文字萌芽應在夏、商之際。因此，堯舜時已有文字之說，並無實證。

學官制度的建置

舜帝對於教育制度之功，史書另有記載。舜帝設有九官，其中至少有三官屬於教育類別[4]。他任命契為司徒之官，專責教導五倫，即：君臣有義、父子有親、夫婦有別、長幼有序、朋友有信。他任命伯夷為禮樂之官（秩宗），專責指導三種宗教儀典[5]。又任命夔為典樂之官，掌管絲竹教化。這些源自堯舜的國家教育官制，夏商時期也繼續承襲。不只在國都設置學官，在諸侯封地也按照同制辦理，最起碼在比較大的封地的確如此[6]。這些專司教育的國家機構，與其他政府機構並置的史實，具有非常重大的意義，因為它揭示了早在歷史初期，制定教育抑或提供教育的工作，就是政府的功能之一。這也一併解釋了為何比起其他歐亞民族，中國早就有了組織明確的教育制度。

---

4 Legge, *The Chinese Classics*, Vol. III, Part I, pp. 47-48.【校訂按】九官指《尚書·舜典》所記舜設立的九種官職。參見《漢書·卷36·劉向傳》：「臣聞舜命九官，濟濟相讓，和之至也。」唐·顏師古注：「《尚書》：禹作司空，棄后稷，契司徒，咎繇作士，垂共工，益朕虞，伯夷秩宗，夔典樂，龍納言，凡九官也。」（見《新校本漢書》，臺北：鼎文書局，頁1933-1934。）

5 此言三種宗教儀典為敬天神、敬地神與敬先祖的祭奠儀式。Legge, *The Chinese Classics*, Vol. III, Part I, p. 47.【校訂按】《史記·卷1·五帝本紀》：「舜曰：『嗟！四嶽，有能典朕三禮？』皆曰伯夷可。舜曰：『嗟！伯夷，以汝為秩宗，夙夜維敬，直哉維靜絜。』」（見《史記會注考證》，臺北：宏業書局，頁32-33。）

6 Legge, *The Chinese Classics*, Vol. III, Part II, p. 301.【校訂按】參見《禮記·卷36·學記》：「古之教者，家有塾，黨有庠，術有序，國有學。」（《禮記正義》，南昌府學宋本《十三經注疏》，臺灣：藝文印書館，頁649。）《孟子·卷5·滕文公上》：「設為庠、序、學、校以教之：庠者，養也。校者，教也。序者，射也。夏曰校，殷曰序，周曰庠，學則三代共之，皆所以明人倫也。」（《孟子注疏》，南昌府學宋本《十三經注疏》，臺灣：藝文印書館，頁91。）

歷史記載最早的學校與學院

堯舜統治時期，在王宮附近至少有兩種教育機構，一為「上庠」，另一為「下庠」。上庠是專責相對高等教育的學院，或稱太學；下庠則為小學，提供較低程度的基礎教育。這些教育機構到夏、商兩朝依然存在，但是名稱有異。夏朝時，這兩個教育機構分別稱作東序、西序。一如其名，東序位處王宮之東，而西序則座落於都城之西。到了商代，這兩個教育機構則命名為右學、左學，意即位於都城之西的學院與位於王宮之東的學院。兩者位置，恰與前朝的安排相反。這兩種學院專門為王公弟子、官員貴族，以及尋常百姓中優秀的子弟提供教育。《禮記·王制》記載：「有虞氏養國老於上庠，養庶老於下庠；夏后氏養國老於東序，養庶老於西序；殷人養國老於右學，養庶老於左學。[7]」君王定期拜訪這些學院，並向聚集在那裡的長者致敬，同時與他們討論國事。每當國君造訪時，便有特定的儀式，而這些儀式便促成了禮樂制度的興起。

根據記載，中國古代另有其他的教育機構，例如：校、序、鄉學與瞽宗。校者，教也，是指夏朝時專為兒童與平民設立的學校。序即射術，為商朝時射御學校的名稱。鄉學則是諸侯封地內各區的教育機構。最後，瞽宗，也起源於商朝。瞽，本意為目盲，一般用以指稱樂

---

7 「國老」包含官員與其他德高望重的人。至於，一般民眾或因公殉職、或自然死亡，他們的父親或祖父輩，則稱為「庶老」。【校訂按】引文見《禮記·王制》，原文內容本是討論三代養老之制，因與教育機構相涉，故論及於此。漢·鄭玄注：「皆學名也。……上庠、右學，大學也，在西郊；下庠、左學，小學也，在國中王宮之東。」（《禮記正義》，南昌府學宋本《十三經注疏》，臺灣：藝文印書館，頁265。）唐·杜佑《通典·卷53·禮13·大學》：「有虞氏大學為上庠，小學為下庠；夏后氏大學為東序，小學為西序；殷制大學為右學，小學為左學。周制，大學為東膠，小學為虞庠。」（《通典》，北京：中華書局，頁1459。）

師；宗，則表示尊崇之意。瞽宗，意即向目盲樂師致敬的廳堂。這個機構位於王宮附近，是最早教導禮樂的場所。

古代教育內容

從古代學官與早期學校的特性，我們可以看出當時教育內容主要為禮、樂與五倫之道。所謂的「禮」，一開始只包含敬拜天神、地神與先祖的儀式。這些儀式讓人們熟悉祭拜的禮儀，這對於古人的生活，無論在公私領域，都是重要的一環。因為古人相信他們的福氣與財富，取決於自己與天地鬼神的關係，而要建立良好的關係，就得好好地祭拜。此外，當時的「禮」，還包含宗教、社會、行止、風俗，以及地方律法的概念詞彙。這在《禮記》、《周禮》和《儀禮》等書中皆有紀錄。至於「儀」字，雖然常被認為和「禮」字意義相同，但它其實完全無法傳達禮的所有內涵。因為禮所講的，不只是外在的行為表現，它還含括一整套禮貌與禮節的所有準則。政府的政策、家庭的組織，乃至於社會的規範，都以真正的禮為基礎。漢學家加略利（M. Callery）說明《禮記》、《周禮》和《儀禮》等書，在探討禮時，是至為重要的典籍。他以言簡意賅的方式，解釋禮所涵蓋之範圍多麼博大。他說：「禮，體現了中國精神，在我看來，《禮記》本身就是中國向外國介紹自己時，最精確也最完整的著作。倘若中國有情感，那也是透過禮而獲得滿足；中國肩負的職責，也是透過禮而完成；中國的善與惡，都以禮為依據；所有萬物間的自然關係，最終以禮彼此連串。—— 一言以蔽之，對中國人而言，禮就是人們在道德、政治、宗教定義下，與其家國、社會、道德與宗教間的多元關

係。[8]」

　　古代教育內容在「禮」之後，便是「樂」了。它包含了詩歌、舞蹈，以及樂器演奏。《詩經》一書，集結了自夏朝創建者大禹以降，一直到西元前六世紀間，各種格律多元且押韻的民間歌謠，提供我們了解當時的音樂特性。《詩經》裡還提到了一些樂器，例如笛、鼓、鐘、琴、簫、管等[9]。其所謂的民歌，大抵分成四類：（一）各個諸侯封地民間傳唱的歌謠，而且每隔一段時間，貴族們就會收集這些民歌，進獻給天子[10]；（二）天子尋常設宴時唱的詩歌；（三）諸侯們會盟時唱的詩歌；（四）讚美獻祭時的頌歌。這些民歌與詩歌之中，有許多作品跟戰爭、夫妻別離的主題相關，有些則跟農耕、狩獵、婚嫁，以及宴飲相關。還有一些主題，是諷諭官吏暴政，或抒發生活哀苦。至於舞蹈，《禮記》中至少記錄了四種在大型典禮時表演的踴舞，稱為干、戈、羽、籥，這是分別依照舞者手中拿的器具而命

---

8 Legge, *The Chinese Classics*, Vol. III, Part I, p. 47. 【校訂按】參見《禮記‧卷1》唐‧孔穎達‧正義云：「夫禮者，經天地，理人倫，本其所起，在天地未分之前。故〈禮運〉云：『夫禮必本於大一。』是天地未分之前已有禮也。禮者，理也。其用以治，則與天地俱興，故昭二十六年《左傳》稱晏子云：『禮之可以為國也，久矣與天地並。』」（《禮記正義》，南昌府學宋本《十三經注疏》，臺灣：藝文印書館，頁10。）足見中國人對於「禮」之重視。

9 古代樂器最著者，即為「八音」。《宋書‧卷19‧樂志一》：「樂器凡八音：曰金，曰石，曰土，曰革，曰絲，曰木，曰匏，曰竹。」是指由金、石、絲、竹、匏、土、革、木八種材質製成的樂器。如鐘屬金，磬屬石，琴、瑟屬絲，簫、笛屬竹，笙屬匏，塤屬土，鼓屬革，柷、敔屬木。

10 下鄉採集而來的民歌，會交到宮廷樂師的手中，再由他們品評諸侯地盛行的民情風俗，同時再向天子建言，評論該地諸侯治理之優劣。【校訂按】參見東漢‧應劭《風俗通義‧序》云：「周、秦常以歲八月遣輶軒之使，采異代方言，還奏籍之，藏于秘室。」（引自《四庫全書總目‧卷四十‧方言》）晉‧常璩《華陽國志‧卷10上》：「古者，天子有輶車之使。……此使考八方之風雅，通九州之異同，主海內之音韻，使人主居高堂，知天下風俗也。」（《四部叢刊》景明抄本）

名[11]。

　　樂的作用，在於陶冶個人的品格性情，使其與他人以及神靈和諧相處[12]。根據記載，舜帝任命夔做為典樂官，命令他負責國內年輕學子的音樂教育，以達到「直而溫，寬而栗，剛而無虐，簡而無傲」。舜帝對於音樂的功能，還做了這樣的闡述：「詩言志，歌永言。聲依永，律和聲。八音克諧，無相奪倫，神人以和。[13]」

　　先前已經提過五倫，即君臣、父子、夫婦、兄弟、朋友等五種人際關係。孟子認為，這些倫常關係應該分別以五項標準作為依歸，即「君臣有義、父子有親、夫婦有別、長幼有序、朋友有信」[14]。他以為，只要心中有了這些準則，人們便能和諧共處，社會就能穩定太平。

　　討論至此，我們可以清楚地看到，在堯舜時期以及夏商兩朝，教育內容的性質，主要與道德和宗教有關，處理的是人與人之間、人與神靈之間的關係。不過，其實當時也存在某些體能與軍事的教育，這

---

11 《禮記注疏》，第20卷，第5頁。【校訂按】詳見《禮記‧卷20‧文王世子》：「凡學世子及學士，必時。春夏學干、戈，秋冬學羽、籥，皆於東序。」（《禮記正義》，南昌府學宋本《十三經注疏》，臺灣：藝文印書館，頁392。）

12 古茲塔夫（Gutsitaff）在《中國史》一書當中談到，音樂能啟發人性中的柔和情感，能促使各邦彼此和睦。中國古代的音樂成就遠遠超過後代的創作，因為現代中國的音樂創作，已經無法達到古代音樂的效果。

13 Legge, *The Chinese Classics*, Vol. III, Part I, p. 48. 【校訂按】詳見《尚書‧卷3‧舜典》：「帝曰：夔！命汝典樂，教冑子。直而溫，寬而栗。剛而無虐，簡而無傲。詩言志，歌永言。聲依永，律和聲。八音克諧，無相奪倫，神人以和。」（《尚書正義》，南昌府學宋本《十三經注疏》，臺灣：藝文印書館，頁46。）冑子，謂國子也，指天子及諸侯之弟子。不同版本或作「稺子、稚子」，本文據此譯為「年輕學子」。

14 《孟子‧滕文公上》。【校訂按】詳見《孟子‧卷5‧滕文公上》：「人之有道也，飽食、煖衣、逸居而無教，則近於禽獸。聖人有憂之，使契為司徒，教以人倫：父子有親、君臣有義、夫婦有別、長幼有敘、朋友有信。」（《孟子注疏》，南昌府學宋本《十三經注疏》，臺灣：藝文印書館，頁98。）

可以從「序」這樣的射術訓練機構得知。倒是文字教育，在那印刷術根本都還沒發明的古早時期，幾乎不存在。只不過，根據記載，在提供高等教育的上庠學院，學生們還是會學習閱讀竹簡以及在竹簡上刻字的功夫[15]。

古代教育方式

如同古代的其他國家，中國當時的教育方式也很簡單。當時並沒有大量的知識或有系統的研究學門，來作為施行教育的目標。即便當時已有竹書木簡的存在，但如同之前所討論的，竹書識字只侷限於提供高等教育的上庠學院，更何況，由於製作竹書困難重重，因此，數量一定十分稀少。至於道德以及禮樂教育的執行方式，主要分為兩種，一為口授，一為示範演練。《禮記‧內則》記載：「教子弟以禮樂，師作之，弟子從之。」事實上，古代的統治者與為師者，並不是以他們的教誨治民，而是透過他們的品格與行為來教育大眾[16]。綜觀

---

15 【校訂按】詳見《禮記‧卷20‧文王世子》：「春誦夏弦，大師詔之。瞽宗秋學禮，執禮者詔之。冬讀書，典書者詔之。禮在瞽宗，書在上庠。」漢‧鄭玄‧注：「周立三代之學，學書於有虞氏之學，典謨之教所興也。」唐‧孔穎達‧正義：「云學書於虞氏之學，典謨之教所興也者，虞書有典有謨，故就其學中而教之，則周之小學也。」（《禮記正義》，南昌府學宋本《十三經注疏》，臺灣：藝文印書館，頁392-393。）小學者，謂基礎之學也，泛指學童識字、習字之學。

16 【校訂按】據查《禮記‧內則》並無此語，另查〈學記〉、〈樂記〉、〈曲禮〉等相關篇章亦不見此語。1916年商務印書館譯本與其他簡化字譯本均循其誤。惟商務版譯本云：「史曰上古之君，作之君，作之師」，係引自《尚書‧卷11‧泰誓》：「天佑下民，作之君，作之師。」漢‧孔安國‧傳：「言天佑助下民，為立君以政之，為立師以教之。」唐‧孔穎達‧正義：「眾民不能自治，立君以治之。立君治民，乃是天意。言天佑助下民，為立君也。治民之謂君，教民之謂師。君既治之，師又教之。故言『作之君，作之師』。」（《尚書正義》，南昌府學宋本《十三經注疏》，頁153。）清‧張英《書經衷論‧卷3》：「作之君者，紀綱法度以整齊之是也。作之師者，脩身遵禮以化導之是也。唐虞之所謂於變時雍，四方風動，民協于中，皆是以師

這些說法，對古代人而言，「透過示範來傳授、藉由模仿而學習」的教育方式很重要。在某種程度上，觀察與體驗教導了古代中國人一個唯心理論：比起接受指令與規勸，人們反而會在無意中自然地模仿他想看齊的榜樣，尤其是傚效對方的言行舉止及道德表現。因為以身作則的方式比起口頭訓誡傳授的方式更加清楚明白，使人們更有意願學習。

古代教育宗旨

我們注意到，在文明萌芽之初，教育的目的，無論有意與否，只不過是善用環境，創造生產，增加更多的物質資源。然而，到了堯、舜以及夏、商兩朝，社會高度發展，迫使教育的宗旨與目的隨之改變。此時的教育，構想清楚，方式明確，其宗旨在於使人們和諧共處，讓社會穩定太平。這兩個目的，恰恰體現了中國人「修己治人」的說法[17]，亦即修己之身與治理他人。修養自身，就是在日常生活裡實踐五倫，而治理他人則是在公、私領域要求眾人依照禮樂儀軌行事[18]。說得更淺白些，教育的目的在於培育民眾成為德行與涵養兼具

道表率之。」（《清文淵閣四庫全書本》）皆是表達前文「教子弟以禮樂，師作之，弟子從之」之意。

17 【校訂按】「修己治人」之說，雖盛行於宋代理學之後，然在古代大學中早已落實這些教育內容。宋·朱熹《四書章句集註·大學章句序》：「大學之書，古之大學所以教人之法也。……三代之隆，其法寖備，然後王宮、國都以及閭巷，莫不有學。人生八歲，則自王公以下，至於庶人之子弟，皆入小學，而教之以灑掃、應對、進退之節，禮樂、射御、書數之文。及其十有五年，則自天子之元子、眾子，以至公、卿、大夫、元士之適子，與凡民之俊秀，皆入大學，而教之以窮理、正心、修己、治人之道。此又學校之教，大小之節所以分也。」（《四書章句集註》，臺北：鵝湖出版社，頁1。）

18 《教育史》，頁1；《支那教育史》，頁2。

之人。同時，培養有才德的領導者，藉以影響眾人，安定社會。這些教育宗旨在接下來的數百年間，一直都是推動中國教育前進的力量。

第二章　古代教育制度的興衰
周朝（西元前1122年～西元前255年）
與秦朝（西元前225年～西元前206年）

　　周朝初期，文王、武王及周公這些極富盛名的明君賢臣，既博學正直，又愛國親民。在他們的治理下，中國的政治與社會制度，發展神速。周朝全盛時期，中國古代文明已然到達顛峰。舉凡政府管理、科學、教育及哲學各方面，均有長足的進步。這時期的周朝，文化高度發展的程度，與希臘歷史上的伯里克利時代（Periclean Age），相去不遠。此時，先前我們討論過的古代教育制度，與其他機構齊頭並進，發展出一套完美的系統，既收納平民百姓，也提供高等教育。這套被視為中國有史以來最棒的教育系統，萬千世代以來依舊被人稱道讚揚。正因如此，我們更應該仔細地探討這個教育系統。下文將從它最盛的時期談起，再看看它變遷及衰微的過程。

學校的名稱、地位與性質

　　整體來說，周朝有兩種學校系統：其一，位於天子王城和諸侯封地首邑；其二，則分散於諸侯其他封地。前者共有五種，包含上庠、東序、瞽宗、成均，以及辟雍等。帝舜時期，始建上庠，為提供高等教育之學院。到了周朝，上庠移至王城北邊宮殿的西郊，提供的是較為基礎的教育，包含讀寫能力的訓練。上庠，也稱作米廩（即穀倉），因以前供養庶老的穀米存置於此。天子在此供養庶老，藉以弘揚孝養之心。東序，也稱東膠，是夏朝時設立的，目的也是提供高等教育。在周朝，東序位處王城之東，宮殿之右，提供名為太學的高等

教育，施教內容包含了禮儀與舞蹈。庶老於東序，接受天子供養。之前已提過，瞽宗源自於商朝，它是個大樂堂，學生在此學習歌唱、演奏樂器以及執行各類禮儀。成均，是周朝才設立的，取其成就均衡完美人格之意，為一提供高等教育的學院。在這裡，學生有所缺失的部分，可以獲得補足而完滿；學生過度或不及的特性，也可以接受修正而達到平衡。最後，我們要談的是「辟雍」，一座位於王城中心的學院。不過，關於這個學院的性質，目前未有確切定論。有人認為辟雍只是軍事操演的場地，如同羅馬的戰神（Mars）廣場；有人則認為它是一個類教育機構，是天子朝會諸侯、商討國事的地方[1]。根據宋朝馬端臨引用一部1092年出版的《周禮》，認為辟雍即成均[2]，也就是先前我們提到成就均衡完美人格、提供高等教育的學院。在《禮記‧文王世子》先有「成均」一詞，來作為提供高等教育之學院的稱呼；隨後以「辟雍」取代之，之後便不再使用「成均」一詞。若說這兩個名詞屬同一朝代的不同時期出現，但指涉的都是一樣的機構，這也是可能的。但大部分的學者，還是傾向支持「成均」與「辟雍」分別為

---

1 「辟」、「雍」二字，在《詩經》和《禮記》中用兩種不同的文字代表，因此產生不同的解釋。【校訂按】辟雍，也作「辟廱」、「辟雝」。為周天子所設的大學，位於京城國子監內，為一圓形建築物，四周環水，象徵教化流行。東漢以後，辟雍也是舉行鄉飲酒、大射或祭祀之禮的地方。《詩經‧靈臺》：「於論鼓鍾，於樂辟廱。」漢‧毛公《傳》：「水旋丘如璧曰辟，廱以節觀者。」（《毛詩正義》，南昌府學宋本《十三經注疏》，臺灣：藝文印書館，頁580。）辟，通「璧」；廱，通「壅」，有阻遏之意。《禮記‧王制》：「天子命之教，然後為學。小學在公宮南之左，大學在郊，天子曰辟廱，諸侯曰頖宮。」漢‧鄭玄注：「辟，明也。廱，和也。所以明和天下。」（《禮記正義》，南昌府學宋本《十三經注疏》，臺灣：藝文印書館，頁236。）南昌府學宋本《詩經》與《禮記》用字雖然相同，然經師注解不同，詮釋各別。

2 【校訂按】馬端臨（1254-1323）生處宋、元之際，英文原版標示為宋朝人，或譯為元朝人。《文獻通考‧卷40‧學校考一》：「周之辟廱即成均也，東膠即東序也，瞽宗即右學也。」（《文獻通考》，北京：中華書局，頁1168。）

不同機構的說法。官版《禮記》中有圖繪標示出這五個教育機構的位置。辟雍位於王城中心，成均座落於南面，上庠位處北邊，東序位於東邊，西邊則是瞽宗的所在位置。辟雍一詞專門用以稱呼王城中心的學院。至於設立於各個諸侯封地首邑的教育機構，則稱之為「泮宮」。

周朝時期的地方學校，包括：一閭之內，設有學堂數間，稱作「塾」；設在黨內的稱為庠或序；設在州內的稱為序；至於設在一鄉之內的，則稱作庠[3]。在村中街門邊的兩座學堂，稱為閭塾。周朝人的生活作息，從春初開始農忙後，村民無論男女，每天都會到學堂聽講，直到晚上才回去。負責主持教壇講學的，是從那些曾經任職於官府、年逾七十後告老返鄉且德高望重者中間挑選出來的。一黨之內的學校，或稱庠、或稱序，都是沿用前朝的名稱。一州之校，稱為序，也是取自夏朝訓練射術的大堂名稱。在諸侯封地內轄鄉的學校「庠」，其名稱取自舜時的用法，原為提供高等教育的學院。

---

3 周朝的分封制度，每25家為一閭、500家為一黨；5黨，即2,500家為一州；每5州，即12,500家為一鄉，數鄉即可形成侯國或封邑。在每一侯國與封邑中，包括有若干鄉，其標準時而有變。【校訂按】英文原版誤作120,000家，今據《禮記》等古籍修訂為12,500家。《禮記・卷36・學記》：「古之教者，家有塾，黨有庠，術有序，國有學。」漢・鄭玄注：「《周禮》五百家為黨，萬二千五百家為遂。黨屬於鄉，遂在遠郊之外。」（《禮記正義》，南昌府學宋本《十三經注疏》，臺灣：藝文印書館，頁649。）《漢書・卷24・食貨志上》：「五家為鄰，五鄰為里，四里為族，五族為黨，五黨為州，五州為鄉。鄉，萬二千五百戶也。」（見《新校本漢書》，臺北：鼎文書局，頁1121。）其中，「遂」為周代行政單位。《周禮・卷15・遂人》：「遂人掌邦之野。以土地之圖經田野，造縣鄙，形體之灋。五家為鄰，五鄰為里，四里為酇，五酇為鄙，五鄙為縣，五縣為遂，皆有地域，溝樹之。」（《周禮注疏》，南昌府學宋本《十三經注疏》，臺灣：藝文印書館，頁232。）

教育的內容

　　根據前述內容，在王城與封地首邑的學校裡，上庠教授識字讀寫，東序練習干戈羽籥等舞蹈，在瞽宗學習各種禮儀，在成均則是學習音樂。不過，這些談的只是提供給皇太子、公卿貴族、官員世子們的特殊教習科目。除此之外，這些學校的學生還得學習經義、道德、詩歌、算術、射御，以及其他對於生活有助益的技能。根據《周禮·地官·大司徒》記載，周朝的整體課程規劃，包括有「六德」、「六行」、「六藝」[4]。六德，指知、仁、聖、義、忠、和；六行，指孝、友、睦、姻、任、恤；六藝，指禮、樂、射、御、書、數。一般的教育包含了五禮、六樂、五射、五御、六書以及九數。以現代教育觀點來看，這些課程包括了道德培養、體能鍛鍊，以及增長智識，而且與當時的生活息息相關，讓學生們有能力參與日常工作。周代的教育理想，在於發展身心的均衡與和諧，可以說是集斯巴達教育和雅典教育為一體，以德、智、體三育為目標，同時訓練其軍事技能。

　　在《禮記·內則》裡，以男子和女子的生活紀錄作為範例，讓我們清楚了解周朝教育的內容，同時也能知道當時對男女所受教育的區別。相關內容如下：

---

4 【校訂按】《周禮注疏·地官·卷10·大司徒》：「以鄉三物教萬民而賓興之：一曰六德，知、仁、聖、義、忠、和；二曰六行，孝、友、睦、姻、任、恤；三曰六藝，禮、樂、射、御、書、數。」漢·鄭玄注：「物猶事也，興猶舉也。民三事教成，鄉大夫舉其賢者能者，以飲酒之禮賓客之，既則獻其書於王矣。知，明於事。仁，愛人以及物。聖，通而先識。義，能斷時宜。忠，言以中心。和，不剛不柔。善於父母為孝，善於兄弟為友。睦，親於九族。姻，親於外親。任，信於友道。恤，振憂貧者。禮，五禮之義。樂，六樂之歌舞。射，五射之法。御，五御之節。書，六書之品。數，九數之計。」（《周禮注疏》，南昌府學宋本《十三經注疏》，臺灣：藝文印書館，頁160。）

男子教導準則[5]

男孩六歲時，教以數字概念（1, 10, 100, 1,000, 10,000）與地理方位名稱。七歲以後，男孩與女孩坐不同席、食不共時。過了八歲，出入廳堂、飲食，以及坐臥，都要以長者優先，他們要學習禮讓。

九歲開始，男孩學會分辨記日（朔望與干支紀年）。到了十歲，男孩開始外出學習。離家一段時間後，學習識字與算術。男孩的衣料，不可為純絲。在學校也好，在典禮儀式上也罷，教者先示範，而男孩們跟著仿效。每日早晚，他們研讀十歲男孩該有的儀止舉措與生活習慣。他們向年長者求教，識讀竹簡上的文字，然後學習進一步的理解。

十三歲時，男孩們開始習樂，他們大聲誦詩，學習「勺」舞。到了十五歲，他們可以練習跳「象」舞，同時，接受射御訓練。

二十歲，男子成年，開始學習禮儀。此時，男子方可穿著純絲或皮毛所製之服裝。成年男子，可跳大禹所制定之大夏舞。男子對內奉行孝悌之道，對外增長智識、擴展學習，但即便如此，他們還不能教授他人。（這是出於對自己思維仍嫌不夠完備的考量。）他們向內自我涵養，但不表露於外。

三十歲成婚，擁有妻室，開始擔負並履行男人的責任義務。

---

5 【校訂按】後文內容出自《禮記・卷28・內則》：「六年教之數與方名。七年男女不同席，不共食。八年出入門戶及即席飲食，必後長者，始教之讓。九年教之數日。十年出就外傅，居宿於外，學書記，衣不帛襦袴，禮帥初，朝夕學幼儀，請肄簡諒。十有三年學樂，誦詩，舞勺，成童舞象，學射御。二十而冠，始學禮，可以衣裘帛，舞大夏，惇行孝弟，博學不教，內而不出。三十而有室，始理男事，博學無方，孫友視志。四十始仕，方物出謀發慮，道合則服從，不可則去。五十命為大夫，服官政。七十致事。（《禮記正義》，南昌府學宋本《十三經注疏》，臺灣：藝文印書館，頁538-539。）

（如：得田以耕植，以盡人民之義務。）他們的學習不會間斷，只是不再需要有固定的方式，而是依個人心志，學其所好。結交志同道合的朋友，彼此勉勵志向。

四十歲學成，可以開始任官職。與人謀事時，根據事務性質，提出自身觀察與看法；如果上位者與其想法一致，道合為謀，則服從力行；反之，則辭官求去。

到了五十歲，升官加爵，晉身朝官要職，主理朝政。六十歲[6]，即可退休。

女子教導準則[7]

女孩十歲之後就不出家門[8]，即所謂大門不出。由女師教導其謙順聽從之禮。女孩們在家忙著揉製麻線、抽取絲縷，做紡織的工作。她們也學做女紅，縫製衣服。家裡舉辦祭祀時，她們要張羅旨酒果漿、籃具食器、浸漬的食物與肉醬等供品。同時，在舉行儀式時，她們要負責供奉擺設祭品。

到了十五歲，可以將盤髮插簪（有訂婚的話）。到了二十歲，便可出嫁。倘若此時不幸遭逢父母亡故，則要等到二十三歲再嫁。明媒正娶者為妻；反之，則為妾。

---

6 【校訂按】英文版原文為六十歲，然依《禮記》：「七十致事」，應該是七十歲告老退休。致事，意為「致其事於君而告老」，或作「致仕」。

7 【校訂按】後文內容出自《禮記・卷28・內則》：「女子十年不出，姆教婉娩聽從，執麻枲，治絲繭，織紝組紃，學女事以共衣服。觀於祭祀，納酒漿、籩豆、菹醢，禮相助奠。十有五年而笄，二十而嫁；有故，二十三年而嫁。聘則為妻，奔則為妾。」（《禮記正義》，南昌府學宋本《十三經注疏》，臺灣：藝文印書館，頁539。）

8 無疑地，這個說法是針對上層階級的女子。因為，先前我們已經討論過，在鄉間之內，無論男女，初春開始農忙工作後，每天都會到學堂聽講。

從上述內容說明了古人年過十歲後，對男孩與女孩的教育是有區別的。男子六歲開始學習，十歲就離家外出求學；女子則足不出戶，在家學習操持家務，做的都是一般婦女的工作[9]。而且，從《禮記》來看，女子務在培養貞靜、敬順的德行，既不學讀寫，也不學算術。事實上，只有男孩才接受讀寫與算術教育，而且是在十歲以後才開始學習。基於這些觀察，我們了解到，在周朝女子接受知識教育的機會有限。但這並不代表古代中國人認為女子教育不重要，反倒是點出了古代中國女子的教育內容，不以智識教育為主，而是以家務權責為限。女子的教育，著重於德行的培育和婦德的點滴養成。根據《周禮》，由君王之妻制定教育女子的準則，好讓王宮裡的女眷們，學習德行、言談及其工作職掌[10]；同時，我們從《周禮》中，也可以看到當時婦德高尚的女子，為社會風俗立下完美的典範，甚至還影響了後代[11]。在中國，這種女子教育的道德理想，存在了長達幾個世紀，不

---

9 此一說法有其他文獻印證。例如，《詩經》就可以讀到女子學習如何備酒、煮飯，努力不讓自己成為父母的負擔。【校訂按】參見《詩經・小雅・卷11-2・斯干》：「乃生女子，載寢之地，載衣之裼，載弄之瓦。無非無儀，唯酒食是議，無父母詒罹。」漢・鄭玄箋：「儀，善也。婦人無所專於家事，有非非婦人也，有善亦非婦人也。婦人之事，惟議酒食爾，無遺父母之憂。」（《毛詩正義》，南昌府學宋本《十三經注疏》，臺灣：藝文印書館，頁388。）

10 【校訂按】《周禮・卷1・天官冢宰》鄭玄注云：「嬪婦也。《昏義》曰：『古者天子后立六宮，三夫人、九嬪、二十七世婦、八十一御妻，以聽天下之內治，以明章婦順，故天下內和而家理也。』不列夫人于此官者，夫人之於后，猶三公之於王，坐而論婦禮，無官職。」又同書〈卷7・九嬪〉：「九嬪掌婦學之法，以教九御，婦德、婦言、婦容、婦功，各帥其屬而以時御敘于王所。」漢・鄭玄注：「婦德謂貞順，婦言謂辭令，婦容謂婉娩，婦功謂絲枲。自九嬪以下，九九而御於王所。九嬪者，既習於四事，又備於從人之道，是以教女御也。」（分見《周禮注疏》，南昌府學宋本《十三經注疏》，臺灣：藝文印書館，頁18、頁116。）

11 Margaret E. Burton, *The Education of Women*, pp. 11-33. 【校訂按】古代中國對女性的要求，最基本的德行就是「順」字。如《孟子・卷6上・滕文公下》所言：「丈夫之冠也，父命之；女子之嫁也，母命之，往送之門，戒之曰：『往之女家，必敬必戒，無違夫子！』以順為正者，妾婦之道也。」（《孟子注疏》，南昌府學宋本《十三經注

但形塑中國女子的生活，也讓她們得以藉此提升自己在家庭和社會的地位。

教育方法

《禮記》的〈學記〉與〈內則〉都有不少跟教育有關的段落。這些內容顯示，古代中國的教育方法，極具現代性，且能洞悉人心本質。後世中國教育的特點之一是著重死記硬背，這在古代是會被嚴厲譴責的[12]。教育並不是只針對某些正規知識的取得過程，而是從內而外培養個人自然天性的一個發展過程。由此可知，學習由易而難、由粗淺到精細，其過程須步步經營，並非一蹴可幾。正所謂聚沙成塔、積小成大，才能有所成就。學習之人，一次只專注於一件事情，切忌分心。學生努力求學時，應強調自主性，使之自然奮發，使能完全發展其獨立之精神。

除《禮記》外，我們還可以從孔子言談中明白當時的教育方式。在談及思考在學習過程的重要性時，孔子說：「學而不思則罔，思而不學則殆。[13]」談到自我訓練時，他說：「不憤不啟，不悱不發，舉

疏》，臺灣：藝文印書館，頁108。）此外，漢‧班昭作《女誡》七篇，最初是寫給女兒學習「婦德」、「婦禮」用的，以「有助內訓」為目的，此書可說是集先秦以來有關「婦德、婦教」之大成，標誌著封建婦德之完善，也影響後世至深。

12【校訂按】《禮記‧卷36‧學記》：「今之教者，呻其佔畢，多其訊言，及於數進而不顧其安，使人不由其誠，教人不盡其材，其施之也悖，其求之也佛。」又說：「記問之學，不足以為人師。」（分見《禮記正義》，南昌府學宋本《十三經注疏》，臺灣：藝文印書館，頁651-652、頁655。）如果教師僅是「呻其佔畢」，也就是只知道誦讀課本、只要求死記背誦，是不配當老師的。

13【校訂按】參見《論語‧卷2‧為政第二》。（《論語注疏》，南昌府學宋本《十三經注疏》，臺灣：藝文印書館，頁18。）

一隅不以三隅反，則不復也。[14]」孔子似乎也認為，由易入難，按部就班的學習原則。因此，當顏淵談及孔子的教育方法時，說道：「夫子循循然善誘人。[15]」

戰國時期孟子的言論，也暗示了許多早期的教育方式[16]。孟子曰：「君子之所教者五：有如時雨化之者，有成德者，有達財者，有答問者，有私淑艾者。此五者，君子之所以教也。[17]」換句話說，每位教育者，應該按照學生的個性，施以不同的教育方法。這五類的學生，第一類有如時雨化之者，屬天資聰穎的學生，完全清楚自己想學什麼，而且求知若渴、樂於學習；第二類有成德者，對於道德問題的思辨理解能力較好，而且懂得追隨正確的引導；第三類有達財者，與生俱來便有論理或實務方面的才能，同時能盡情發揮；第四類有答問者，天性聰明，好發問，且具批判的性格，往往一旦發問，務必求得答案；第五類有私淑艾者，指那些不能及門受業的人，特別需要為師者的諄諄教誨與督促。

入學、考試與升學

根據《禮記》所載，王宮和封地首邑的學院，招收的不只是皇太

---

14 【校訂按】參見《論語・卷2・述而第七》。（《論語注疏》，南昌府學宋本《十三經注疏》，臺灣：藝文印書館，頁61。）

15 【校訂按】參見《論語・卷2・子罕第九》：「顏淵喟然歎曰：『仰之彌高，鑽之彌堅；瞻之在前，忽焉在後。夫子循循然善誘人，博我以文，約我以禮。欲罷不能，既竭吾才，如有所立卓爾。雖欲從之，末由也已。』」（《論語注疏》，南昌府學宋本《十三經注疏》，臺灣：藝文印書館，頁79。）

16 H. A. Giles, *The Work of Mencius*.

17 【校訂按】參見《孟子・卷13下・盡心上》。（《孟子注疏》，南昌府學宋本《十三經注疏》，臺灣：藝文印書館，頁242。）

子、王子、眾王公之長子，也一併招收高官與太傅和元士的長子，還不論其出身高低，招收有才幹的平民入學。學院的入學標準，由考試結果論定。這種考試，品評的是德行、處理眾人之事的才能，以及無礙的辯才。基礎教育學院的院生，若能通過考核選拔，進入成均學院繼續習讀，天子會親賜一杯酒，以示表彰。另外，未能通過考試的學生，就得留校繼續準備下次的考試。不過，我們偶爾也會看到德行、言語、治才等單項考科成績突出的學生，破例進入高等教育學院的例子。

《禮記·學記》記載，學生們入學後，每兩年得接受一次考試。入學的第一年，學院會針對學生分析古文典籍的能力，以及人生志向，做一測試。到了第三年，測試的則是學生的社交樂群能力，以及是否能堅持學習熱忱的能力。第五年，測試學生的學問程度，以及他們與師者之間是否關係密切。入學第七年，測試學生的治學方法與擇友原則。學生若能通過上述考試，符合條件，就能被視為達到「小成」的境界。到了第九年，學院會測試學生分類事務的能力，檢驗其是否通達事理，能否獨立自主，有無強烈的意志以抵抗邪惡的外力影響。要是通過最後的這個考試，那麼，學生就已經達到了「大成」的境界[18]。

此外，周朝已有明確完備的升學制度；所謂升學，就是從教育體制下的某一級學校，升到另一級學校繼續就讀。亦即，閭塾的優秀學子，可以進到黨庠就讀；黨庠的優秀學子，可以進到州序深造。依此

18【校訂按】語見《禮記·卷36·學記》：「古之教者，家有塾，黨有庠，術有序，國有學。比年入學，中年考校。一年視離經辨志，三年視敬業樂群，五年視博習親師，七年視論學取友，謂之小成；九年知類通達，強立而不反，謂之大成。夫然後足以化民易俗，近者說服，而遠者懷之，此大學之道也。」（《禮記正義》，南昌府學宋本《十三經注疏》，臺灣：藝文印書館，頁649。）

類推，最後可以進入鄉庠、泮宮，甚至進到王城裡的學院。在各級學校間升學晉級之後，學生會得到一個適當的頭銜，以彰顯其才能，凸顯其優秀。太學中最優秀的學生，朝廷會授予官銜，命其擔任王城或封地首邑的行政官員。

學齡、學期與學年

周朝時期孩童幾歲入學的說法，尚無定論。根據西元一世紀的著作《白虎通》以及其他相關的重要作品，皇太子八歲進入小學接受基礎教育，十五歲時進入太學接受高等教育[19]。根據同時期著作《尚書大傳》的記載，公卿大夫的長子，以及某些高官的長子，於十五歲時進入小學，二十歲時進太學[20]。畢歐（Biot）提出，當時孩童入學的年紀，因父母社會地位而異；比起其他貴族與官員的長子，皇太子較早進入學校讀書，是因為大家認為皇太子地位較高，所以比較聰明。大部分的學者認為《白虎通》的說法較為正確，也就是說，男孩八歲時進入小學就讀，十五歲時進入太學就讀。

至於當時學期與學年的長短，我們無從得知。不過，有諸多證據顯示，一年更迭的四季，也被當成學年的組成單位，即一學年有四學

---

19 【校訂按】語見《白虎通德論·卷4·辟雍》：「古者所以年十五入太學何？以為八歲毀齒，始有識知，入學學書計。七八十五，陰陽備，故十五成童志明，入太學，學經術。」（《白虎通德論》，《四部叢刊》本，臺灣：商務印書館，頁40。）

20 【校訂按】英文原版誤《尚書大傳》為漢代經師馬融所作，古籍舊題實為漢·伏勝所作。又英文原本引文中作十八歲入小學，1916年商務印書館版譯作「十三歲入小學」，不確。依據歷代學者考證、宋·王應麟《困學紀聞·卷8》之記載，及《尚書大傳》原文，應以「十五歲」為正，故本文改作「十五歲入小學」。參見《尚書大傳·卷3》：「古之王者必立大學、小學，使王子公卿大夫元士之適子，十有五年始入小學，見小節焉，踐小義焉。二十始入大學，見大節焉，踐大義焉。」（《尚書大傳》，《文淵閣四庫全書》本，頁1-2。）

期。根據季節不同，每學期教授的知識技能，必須和相應季節有關而有所不同。據文獻記載可知，春夏之時，學生在東序練習射術與各種舞蹈，在瞽宗吟唱詩歌。到了秋天，他們聚在瞽宗學習禮儀；在冬天，則移師上庠學習讀寫[21]。《尚書大傳》中有一段針對周朝如何規劃時間以配合教育的描述，可以讓我們更進一步了解當時學期與學年的訂定：「故古者耕稼畢，男子未有室者，咸入學聽講。冬至，復之田畝，備農事，期四十五日。[22]」

教育官

有關周朝的公共事務官員，《周禮》一書有詳細記載[23]。《周禮》提到幾種特殊的教育職官，對外負責掌管教育機構、對內擔負教學工作。據其內容，樂官負責指導禮儀和舞蹈的教習；學官負責指導記誦與讀寫；禮官及其從屬，則專責指導各種儀式。書中也記載了樂官的各類職責：不只掌管全國的教育事務，還肩負召集生員的責任，同時也負責管理成均學院。樂官及其從屬，教的不只是音樂，還指導德行操守、閱讀，以及舞蹈。《周禮》還提到其他的教育官員：有名為「師氏」的教育官，負責教導孩童國民美德與行為禮儀；有名為

---

21 【校訂按】《禮記‧卷20‧文王世子》：「凡學，世子及學士，必時。春夏學干戈，秋冬學羽籥，皆於東序。……春誦、夏弦，大師詔之。瞽宗，秋學禮，執禮者詔之。冬讀書，典書者詔之。禮在瞽宗，書在上庠。」（見《禮記正義》，南昌府學宋本《十三經注疏》，臺灣：藝文印書館，頁392-393。）

22 【校訂按】遍查《尚書大傳》全書，並無此語。今依1916年商務印書館版譯本保留引文，存疑待考。

23 《周禮》：周官篇。【校訂按】《周禮》，又名《周官》。詳細記錄了周代的官制及其職掌。全書依照部門分為六部分：天官、地官、春官、夏官、秋官、冬官。此書是中國第一部記載國家政治組織機構及其職掌的書籍。

「保氏」的教育官，教人六藝[24]。在《周禮》和《禮記》中，都提到政戰主管單位下的一種官職，名為「大司樂」[25]，其職責是依據季節，適時召集學生到校學習、教導學生排練舞蹈、指導學生讀書，並且教導孝悌之理。這種教育官的身分如同學生們的導師，指導學生讀書，並對他們進行直接監督考察。除了這些王城的教育官員之外，鄉、州、黨的各級學校，也有負責管理及教學的教育官，例如：鄉師、父師，以及少師等等。這些地方教育官的遴選對象，多半是卸職還鄉、品德高尚的地方耆老。

學校的數量

由於歷史久遠，古代學校的統計資料，自然不甚周全。不過，史籍有充分的紀錄，足以顯示這個在中國教育史上黃金時期的教育規模。據《周禮》記載，在邦國王畿內編制的學校與學院數量如下：六個鄉庠、三十個州序、一百五十個黨序、三千間閭塾[26]。如果我們把

---

24 【校訂按】《周禮・地官司徒・卷14》云：「師氏：掌以媺詔王。以三德教國子……。保氏：掌諫王惡，而養國子以道。乃教之六藝。」（《周禮注疏》，南昌府學宋本《十三經注疏》，臺灣：藝文印書館，頁210、頁212。）

25 【校訂按】英文原版提及 ministry of war，相應之政府機構係指「夏官司馬」，至於「Choutzu」，1916年商務印書館版譯本直譯為「冑子」。冑子，意為元子以下至卿大夫子弟，非官職名稱。原文應有誤。其次，就文中敘述之職掌內容來看，疑應指「春官宗伯・大司樂」為是，而非「大司馬」。2014年北京商務印書館版之譯本，更譯為「大司馬」，亦誤。參見《周禮・春官宗伯・卷18》「大宗伯之職：掌建邦之天神、人鬼、地示之禮，以佐王建保邦國。……以軍禮同邦國。」又《周禮・卷22・大司樂》云：「大司樂掌成均之法，以治建國之學政，而合國之子弟焉。……以樂德教國子中、和、祇、庸、孝、友。」（分見《周禮注疏》，南昌府學宋本《十三經注疏》，臺灣：藝文印書館，頁270-276、頁336-337。）

26 Cf. Y. S. Ho., *Chinese Education*, p. 18：《禮記・王制篇》。【校訂按】據查《周禮》書中並無此明確數據，蓋因大司徒主六鄉，而一鄉有五州，一州有五黨，一黨有五族，一族有四閭。文中各級學校數目，乃由相關資料推算而來。故知，王畿之內凡六鄉，

諸侯國的等級大小考慮進來，然後將這些數字乘以諸侯國的數目，就可粗略估算當時學校的數量。可惜，我們並沒有當時各諸侯國的確切統計資料。改寫自司馬光《資治通鑑》的《通鑑綱目》，曾估算周朝第一位天子周武王登基後，諸侯國的數量是七十個。而這個數目，不斷地增加，到了漢朝，從官方資料得知諸侯國總數，已達一千八百個。這個數字大概指的是周朝後期，諸侯國被分成小行政區，在世代更迭後，大諸侯國又變成了許多小國[27]。

教育行政工作

周朝時教育行政工作由政府常設之行政官員負責。朝廷設有六官，即：天官、地官、春官、夏官、秋官、冬官[28]。地官的主事者稱為大司徒，負責大眾教育，同時也管理商貿、農耕與社會治安。大司徒底下有各個部屬行政官員，在各自的轄區內，負責推行法律與宣導民眾教育[29]。根據當時的習慣，一年當中有固定數日，地方首長如州

三十州，一百五十黨，三千閭塾。參見《周禮・卷10・大司徒》：「令五家為比，使之相保；五比為閭，使之相受；四閭為族，使之相葬；五族為黨，使之相救；五黨為州，使之相賙；五州為鄉，使之相賓。」唐・賈公彥疏：「此經說大司徒設比閭至於州鄉等第家數，各立其官長，教勸於民。大司徒主六鄉，故令六鄉之內，使五家為一比。」（《周禮注疏》，南昌府學宋本《十三經注疏》，臺灣：藝文印書館，頁159。）

27 【校訂按】此言東周春秋戰國時期，自周王室君權式微，國家分崩離析之後，沿至漢朝，行政區域大小與數量已有巨大改變。

28 天官，相當於首相，即「大冢宰」，統管其他五個官部。

29 【校訂按】《周禮・地官》在大司徒、小司徒下，又設有鄉師、鄉大夫、州長、黨正、族師、閭胥、比長等地方官員，協助地方教育事務。參見《周禮・地官司徒・卷9》：「惟王建國，辨方正位，體國經野，設官分職，以為民極。乃立地官司徒，使帥其屬而掌邦教，以佐王安擾邦國。教官之屬：大司徒，卿一人。小司徒，中大夫二人。鄉師，下大夫四人。……鄉大夫，每鄉卿一人。州長，每州中大夫一人。黨正，

長、黨正，會召集地方民眾，向他們宣讀法律，使其知曉。這些官員們同時也會檢視民眾的德行、道藝與帷幄兵法的能力，如此一來，既可收鼓舞激勵之效，又可以從中選出有能力的人才，送至高等學院深造。

考試或選舉制度

在周朝，舉賢以任公職的制度、學校制度，還有公職候選人與在職者的考核制度，發展都較為完備。各級行政單位，每三年進行一次考核[30]，由官員與耆老主持，選出才德兼備之人，訓練作為日後之朝廷命官。各鄉的首長，即鄉大夫，選出成功通過考試的人，將人選推薦給地官主事者大司徒。經過大司徒考核後，這些候選人將被送進鄉庠或王城的太學。鄉庠中傑出的人才稱為秀士，意指擔任鄉或州之官員的新秀學者。秀士受鄉大夫管轄，至於他們的官銜，則由大司徒決定。在王城太學中表現傑出的人才稱為俊士，意指被拔擢晉升的學者，他們會被送進朝廷擔任更高的職位，如侯、卿、大夫、士等。俊士受樂官（大司樂）管轄，他們的官銜則由夏官司馬（大司馬）依照其射術的測試結果決定。所有官員的任命，皆須天子之授令；天子會定期收到評選才德之人和薦舉任官的報告。

每黨下大夫一人。族師，每族上士一人。閭胥，每閭中士一人。比長，五家下士一人。」（《周禮注疏》，南昌府學宋本《十三經注疏》，臺灣：藝文印書館，頁138。）

30 【校訂按】《周禮·卷2·大宰》：「歲終，則令百官府各正其治，受其會，聽其致事，而詔王廢置。三歲，則大計群吏之治而誅賞之。」唐·賈公彥疏：「釋曰：此《尚書·舜典》文。彼云：『三載考績，黜陟幽明』，彼三年一考，與此同。故引證三歲大計也。」（《周禮注疏》，南昌府學宋本《十三經注疏》，臺灣：藝文印書館，頁37。）

已經在職的官員也要接受定期測驗。由較高階的官員記錄其下屬的行為表現，績優者予以留任，同時向諸侯稟報留任名單。諸侯再親自召集，並一一檢驗這些留任官員，然後徵詢眾人意見。當這些官員們成功通過了所有的測試，便可以加官晉爵。當時選賢舉能的作法，可以分成三個階段：第一階段由州或鄉的首長舉辦；第二階段由卿大夫舉辦；第三階段則由諸侯親自篩選。每隔三年，各諸侯向天子舉薦賢能人才，使其任職於朝廷。至於薦舉之人數，則由諸侯國的等級而定；一級諸侯國得薦舉三人，二級諸侯國薦舉二人，三級諸侯國薦舉一人。

這種薦舉賢德以任官職的制度，至少揭示了四大意義：第一，這個制度就精神上而言，是平等的，因為它一體適用於任何人，無論其出身好壞、階級高低與財富多寡，只要符合薦舉資格即可。第二，從這個制度，我們看到教育系統跟政府制度一樣，都依照周朝奉行的高度中央集權而進行。第三，它清楚顯示了儘管日後中國的考選制度多以文筆作為比評標準，而在周朝，選任朝官的考試，測試的是才能與德行。最後，由文獻可知，考評過程選出的官員都出於學院，也就是說，接受學校教育，除了是當時取得考試資格的墊腳石之外，也成了日後中國的世代慣例。最後一點，多少解釋了周朝的教育制度，為何能發展得如此完善，成為懸繫國家命脈至為重要的一環。

古代學校制度的衰微與變遷階段

從西元前八世紀開始，周朝經歷了一段很長的衰微期，諸侯們不再服從於天子，而分封制度也隨之消散。諸侯不再尊重王權至上，他們輕忽高等與初等教育，加上連年戰亂，主政者更無心於百姓的教育

問題。行政官員的職缺，不再透過選賢任能的制度填補，而變成是家族世襲。就很多方面而言，此一時期猶如歐洲中世紀的黑暗時期。直到西元前六世紀，企圖恢復周朝禮制的孔子出現，重新喚起人們對這套古制的記憶。他收集了所有包含中國古代制度的文獻資料，刪訂了舉世名作《詩》、《書》、《易》、《禮》。這四部孔子彙編的作品，和他寫的其他兩部《春秋》、《孝經》，連同其孔門弟子及後學者所撰之《四書》[31]，成為中國後代子孫道德、歷史與科學教育的基礎[32]。然而，孔子學說的成功，並非立竿見影，也不是一路順遂。當時孔子遊說諸侯各國，力圖恢復古制，事實上成效並不佳，倒是孔子身故之後，他的若干弟子成功進入各諸侯國，發揮遊說的作用。西元前四世紀中葉，同樣出身中國東方（山東）的孟子，繼承孔子的遊說工作，勸勉各國重建高等和初等學校，同時強烈反對官位世襲。孟子認為，濫用世襲是當時政府組織分崩離析的罪魁禍首。雖然孟子遊說各國，同樣起不了多大作用，不過，已經引起當時對現狀極度不滿的百姓們注意。因此，相較於孔子，孟子的影響力更強，效法其精神建立起來的新學校也以驚人的速度增加。儘管由於當時社會動盪，相關文獻少有留存，但我們還是可以從片段紀錄中發現，在西元前三世紀中葉，孔孟學說已形成一股勢力，有許多追隨者奉行並獻身教育志業。此時，位處中國西部的秦國，一統天下，秦國國王自稱為秦始皇。我們發現，當時的百姓尊崇內含孔子教義的書籍文獻，儒生們形成一個強大的團體，敢於反對秦始皇所帶來的新政變革，要求秦始皇

---

31 【校訂按】孔門弟子及再傳弟子將孔子言行編纂成《論語》一書，是儒學極重要的經典，對中國思想文化的發展有極其深遠的影響。而「四書」一名，直到南宋理學家朱熹才定名。朱熹取《禮記》中《中庸》、《大學》兩篇單獨成書，與《論語》、《孟子》合為「四書」。

32 關於這幾部著作的敘述，可參見 Giles, *Chinese Literature.*

遵循典籍行事。然而，希望中國文明應自其統治起算的秦始皇，拒絕儒生的建言，而且他對於儒生每每批評他公布的法令，更是惱怒。西元前213年，秦始皇採納大臣李斯的獻策，下令搜集並焚毀普天下的孔門典籍，以杜儒生悠悠之口。在秦始皇焚書坑儒的諭令強力執行之下，共460名儒生，因私藏孔門書籍，而遭到處死。此為中國教育制度的一大浩劫。

上述討論並不代表在春秋戰國以來的教育衰微階段，中國境內沒有學校。相反地，有很多文獻證明當時仍有學校機構存在。撰寫孔子（西元前551年～西元前479年）傳記的作者們，都說孔子自小聰穎過人，自幼入學，十七歲即致用於世，晚年建立學校，歸而講學於洙泗，弟子逾三千人，其中有七十二賢人，後封為至聖[33]。同樣的，孟子（西元前372年～西元前289年）的傳記記載，孟母擇鄰而處，遷居於學校之旁，俾使其能模仿好榜樣，從中獲益[34]。然而，孔、孟所處年代，學校雖然存在，卻不再由政府監督管理或出錢資助，而屬私人籌辦。正因政府輕忽職責，不再負擔從前各鄉黨或都城的公辦學校，所以孟子四處遊說，勸諫政府應該「謹庠序之教，申之以孝悌之義」[35]。

古代教育制度的衰微期也是教育大變遷的階段。此一時期，孕育

---

33 【校訂按】《史記‧孔子世家》：「太史公曰：『……孔子布衣，傳十餘世，學者宗之。自天子王侯，中國言六藝者，折中於夫子。可謂至聖矣。』」（《史記會注考證》，臺北：宏業書局，頁748。）

34 【校訂按】《孟子注疏題辭解》：「孟子生有淑質，夙喪其父，幼被慈母三遷之教。長師孔子之孫子思，治儒術之道，尤長於《詩》、《書》。」（《孟子注疏》，南昌府學宋本《十三經注疏》，臺灣：藝文印書館，頁4。）

35 《孟子‧梁惠王上》。【校訂按】《孟子‧卷1下‧梁惠王上》：「謹庠序之教，申之以孝悌之義，頒白者不負戴於道路矣。」（《孟子注疏》，南昌府學宋本《十三經注疏》，臺灣：藝文印書館，頁24。）

於孔子及其門生作品的新知識體系已然形成，奠定了後世教育的基礎，也開啟了往後中國教育，純以文學詞章為主，且求學必讀經書典籍的狹隘之路。我們也注意到，原本由國家出資辦理的官辦教育，變成了民間私辦，此一現象延續了好幾個時代。不過，在教育變遷時期，重大的改變絕對不止於此。這時期的另一個重要現象，是哲學家輩出，各門派皆可大膽且自由地提倡自家的理論。百家爭鳴，極一時之盛；其中，影響後世教育的幾位重要哲學家，如：孔子、老子、墨子、楊（朱）子、荀況、鬼谷子。在這些人中，以孔子最為偉大。因為，孔子不只是哲學家，同時也是偉大的道德家與政治家，更是無人能出其右的教育家。孔孟的教育理念和方法，極具現代性精神，深刻洞悉人性的本質及其運作方式[36]。孔子及其弟子的著作中，體現的道德、社會和政治原則，漸漸成為考試制度的基礎，也成為中國歷代教育的內容。

　　除了上述各家對教育發展有重大的影響外，我們還要注意一項重要的發明：那就是用毛筆書寫漢字。這個發明要歸功於秦始皇的大將軍蒙恬[37]，有了毛筆之後，不再需要刀筆在竹簡上刻寫；在絹布上書寫文字，更為便捷快速，大大促進了思想的交流和知識的普及。另一項同等重要的發明，是創造出一種比先前更簡易的書寫文字系統（即小篆）[38]。這些發明代表著教育的不斷進步。若不是因為焚書坑儒，

---

36 Cf. H. Eudem, *Confucius and his Educational Ideals*. In Proc. N.E.A., 1893, pp. 308-313; Faber: The Mind of Mencius.

37【校訂按】清‧趙翼《陔餘叢考‧卷十九》有「造筆不始於蒙恬」條，舉證說明蒙恬不是毛筆的創始人。後世之出土文物，如1954年湖南長沙發現戰國毛筆的實物遺跡，也證明了戰國時期已有毛筆的運用。然世俗皆以為蒙恬造筆，趙翼云：「或蒙恬所造精於前人，遂獨擅其名耳。」

38【校訂按】秦始皇統一天下後，書同文字，以李斯等人所創的小篆字體頒行天下。見東漢‧許慎《說文解字‧敘》：「秦始皇帝初兼天下，丞相李斯乃奏同之，罷其不與

光憑這些發明事蹟，秦始皇在中國教育史上會有很高的地位。

我們要明白，雖然人們普遍認為，在秦始皇統治時期，中國的教育被摧毀殆盡，但歷史上並沒有證據支持這樣的說法。事實上，以焚書坑儒為例，秦始皇及其朝官的行為，僅僅表明他們想壓制一個特定的學說，而非打擊教育本身。一般人都知道，舉世聞名的《呂氏春秋》，就是秦始皇丞相呂不韋在西元前335年卸任之前，耗費大量錢財，搜集古籍文獻，繼而編著成書。另外，秦朝有一群直屬於宮廷的學者，名為「博士」³⁹。他們負責掌管皇家圖書館（即博士館）中的古籍，他們都對典籍內容十分熟悉，掌通古今。據馬端臨記載，秦始皇還授權博士，指導弟子，研讀這些古籍⁴⁰。此外，焚書之時，秦始皇特地保留了醫藥、卜筮與農業之類的專書。因為這些書的內容，與其推行之政令，並無不悖。秦始皇和他的朝臣們所做的，只是禁止儒生在他們的學說中議論秦王政令的功過，而焚書的目的，是讓他們沒有經書典籍可供憑藉，從而阻止他們對時政的議論比評。秦始皇焚書坑儒之舉，一舉殲滅了古代官辦教育和高等教育，使之蕩然無存，難以復原，實是歷史上的一大浩劫。為了追溯教育的進一步發展，後續我們要討論的，是對世界文明與中國歷史都具有深刻影響的漢朝時期。

秦文合者。斯作《倉頡篇》、中車府令趙高作《爰歷篇》、太史令胡毋敬作《博學篇》，皆取史籀大篆或頗省改，所謂小篆者也。」（《說文解字注》，臺北：萬卷樓圖書公司，頁765。）

39 【校訂按】「博士」在秦漢時期是職官名，秦朝設有諸子、詩賦等「博士」七十人，掌管全國古今史事以及書籍典章。

40 【校訂按】馬端臨《文獻通考‧卷44‧學校考》：「按西漢《公卿百官表》：『博士，秦官，掌通古今。』秦焚《詩》、《書》，獨存博士官所職者，則猶令其司經籍。然既曰通古今，則上必有所師承，下必有所傳授，故其徒實繁。」（《文獻通考》，北京：中華書局，上海師大、華東師大古籍研究所點校。冊二，頁1179。）

第三章　後續各朝教育發展簡述[1]
（西元前206年～西元1842年）

在前一章已經提到，周代教育制度的衰微，表示中國最好的教育制度已經消失[2]。但這並不意味著古代教育制度在各個方面都比後世的制度優秀，不過就下面幾個方向來看，古代制度確實優於後世。首先，古代教育制度主要是公辦大眾教育；其次，就本質而言，古代教育重視實用，教育內容與當時的生活密切相關；再者，雖然學校系統是進入公職的唯一管道，但應付國家對公職人員的需求，已綽綽有餘；最後，古代教育制度下，在不同環節之間，協調有序，提供了從初等教育到高等教育的正規升學管道。然而，後續各朝的教育制度，就學校組織、課程規劃、教學方法以及其他學校要處理的問題而言，還是領先於古代的教育制度。本章內容主要在追溯各朝的整體發展趨勢，以便能幫助我們全盤理解現代教育發展。

漢朝的教育發展（西元前206年～西元 21年）

漢朝有個值得一提的變化是，當國家情勢安定下來後，教育事業便全面復興。歷經動盪過後，再次昂首挺胸的儒生受到漢朝創立者劉邦的禮遇。接著，劉邦的繼位者漢惠帝，在儒生們的不斷請求之下，

---

1 本章所使用的資料，除非另外標明，否則都來自於下列著作：《文獻通考》中學校與考試制度的部分；《教育史》、《支那教育史》、《萬國教育史》；以及 Biot, *Histoire de l'instruction publique en Chine*

2 參見第二章第一段。

於西元前191年，廢除了秦始皇頒布的禁令[3]，重新允許百姓閱讀儒家典籍。西元前136年，漢武帝設立一個委員會（「五經博士」）[4]，以搜尋古籍手稿、修復典籍為其宗旨。一時，儒生們的熱情，展現在搜尋散佚文稿的任務上。就這樣，過去被藏匿起來的儒家經典古籍，重見天日；朝廷還任命了編輯委員會，傾力修補秦始皇對文學與教育的傷害。當時的學者還逐一為文獻中的孔子教義編寫注解。雖然漢代儒生所作的經籍注釋，早被十二世紀的宋代理學家們對經書的全新詮解所取代，然而正因為早期這些儒生的努力，使得儒家典籍在中國人的思想上，留下了恆久深刻的影響。在這個偉大的教育復興運動期間，蔡倫發明了樹皮造紙的技術[5]。此一發明，連同秦始皇時期蒙恬以獸毫製筆的發明，為這場知識運動又注入一股動力。

同時，孔子思想或儒家經典中的主張，成為國家訂定政策時的治國哲理，也是恢復選賢任官的考試制度後，檢視士人學問和品德的標準[6]。漢朝對孔子十分的尊崇[7]，乃至於設下規例，賜予孔子後代的嫡

---

3 【校訂按】秦始皇34年，採納丞相李斯的建議，下令禁止儒生以古非今，頒布民間有私藏《詩》、《書》和百家書籍者族誅的法令。至漢惠帝時予以廢除。《漢書‧卷2‧惠帝紀》：「三月甲子，皇帝冠，赦天下。省法令妨吏民者；除挾書律。」東漢‧應劭注：「挾，藏也。」三國魏‧張晏注：「秦律敢有挾書者族。」（見《新校本漢書》，臺北：鼎文書局，頁90。）

4 【校訂按】漢武帝建元年間，漢武帝命各郡舉賢良方正，董仲舒獻策，漢朝開始獨尊儒術。從此，儒術從私家學者的書齋走進了太學，太學設五經博士，即：《詩》、《書》、《易》、《禮》、《春秋》五種，開始以家法教授。

5 【校訂按】如同蒙恬造筆的說法，紙的運用早在蔡倫之前，然因蔡倫改良造紙流程，並降低造紙成本，因而大為流行。參見《後漢書‧卷78‧宦者列傳‧蔡倫傳》：「自古書契多編以竹簡，其用縑帛者謂之為紙。縑貴而簡重，並不便於人。倫乃造意，用樹膚、麻頭及敝布、魚網以為紙。元興元年奏上之，帝善其能，自是莫不從用焉，故天下咸稱『蔡侯紙』。」（見《新校本後漢書》，臺北：鼎文書局，頁2513。）

6 漢朝考試制度的建立，應該歸功於漢武帝。

7 【校訂按】漢代在獨尊儒術的政治與歷史因素下，孔子被稱作「素王」。漢人對孔子至為尊崇，因孔子垂教乃是「為漢制作」，其功勞與影響遠在當代功臣之上，故司馬

長子封號，此一規例至今未曾間斷。中國後續的教育歷史，與孔子及其代表之儒家教義的高度尊崇，關係密不可分。爾後的經典教育內容，便侷限於儒家典籍，不似以往自由。由於過度強調經書典籍的內容，並透過這些典籍有效形塑儒生階級的生活。但是，一旦過於重視形式結構，儒家思想的發展便無異於歐洲教育史裡的西塞羅主義了。

以宏觀的角度而言，獨尊某一派學說，而罷黜其他源於前朝的哲學百家，對於中國文明的演進，肯定是件極其不幸的事。因為，儒生階級已習慣研讀儒家典籍，過分謹守古代聖賢之道，而不敢開展自己的新思想。對於先前文明的發展，他們完全不想另闢道路，只求自己別落後太多。因此，在社會文明發展上，學者一成不變地繼續走著古人早已踏平踩爛的路，不再享受任何前進的自由。

簡單了解漢朝整體學術背景之後，我們可以從兩方面來探究中國教育制度的發展：一個是選拔官員的制度，而另一個則是學校制度。在封建制度的中國，漢朝時政府公職人員並不全由學校選拔出來，在不同時期，有不同的薦舉辦法。任官之人才，有時從學校選拔而出，有時則由郡守或縣令推舉[8]。至於擔任較高官職的候選人，往往是從職位較低的官員中選出。地方首長通常有權自行選任他的助手和下屬。郡守、縣令推舉的候選人，一般都還得通過學識考試，方能任

遷作《史記》將沒有王侯爵位的孔子收入《世家》。〈太史公自序〉云：「周室既衰，諸侯恣行，仲尼悼禮廢樂崩，追脩經術，以達王道。匡亂世反之於正，見其文辭，為天下制儀法，垂六藝之統紀於後世。作〈孔子世家〉第十七。」（見《史記會注考證》，臺北：宏業書局，頁1342。）

8 在秦始皇統治下，重新進行國土劃分。中國分為三十六郡，每郡各設郡守一名。每個郡，再分為幾個轄縣，每縣各設縣令一名。在武帝統治時期，又設一個新的行政區編制，名為州，其大小介於郡與縣之間。武帝總共設了十二個州。【校訂按】《史記會注考證·秦始皇本紀六》：「始皇曰：『天下共苦戰鬥不休，以有侯王。賴宗廟，天下初定，又復立國，是樹兵也，而求其寧息，豈不難哉！廷尉議是。』分天下為三十六郡，郡置守、尉、監。」（見《史記會注考證》，臺北：宏業書局，頁111。）

職，但是在特別情形下，得以免試直接任命。漢朝後期，選賢任能的選舉制度，有兩種實施辦法：一種是由縣令選出，呈交郡守推薦；另一種直接由縣令舉薦給皇上，不需要郡守核准。透過第二種方式產生的候選人，其組織才能與任事能力通常是鄉里皆知。漢代舉賢任能的選官制度，雖然統稱「選舉」，然在不同的皇帝當政時期，名稱也各不相同。通常這些名稱會依據候選人所需具備的條件而定，例如「賢良方正」，意味善良正直；「孝廉」，意味著孝順而誠實；「博士弟子」，意味學識淵博的學者。換言之，這些有德行才能的人能輕易入仕，並發揮所長。漢朝的選舉制度相當完備，後世僅能望其項背。

探討各種選官制度的方法及其歷史背景，是十分有意思的事，只不過這大大超出了本研究的範圍。從方才的討論中，我們只要注意一個重要的史實即可：漢朝時期，學校不再是任官的唯一途徑。這就是公共教育機構逐漸式微的原因，因為百姓不再那麼需要藉由教育機構進入官府任職。

教育機構的正式重組，可追溯自漢武帝（西元前140年～西元前86年）時期。當時，儒生董仲舒上奏[9]，大膽批評官位世襲制度，武帝因此在西元前124年，於京城設立一所高等學院（太學），培養有能力任官的人。同時，為了鼓勵研究經典，武帝還設置五經博士。朝廷下令，命地方官吏物色有德行、知禮教的人，呈交禮部評查後，送進入太學就讀。事實上，早在數年前，蜀郡郡守文翁就已經在其轄郡

---

9 【校訂按】《漢書‧卷26‧董仲舒傳》：「古之王者明於此，是故南面而治天下，莫不以教化為大務。立大學以教於國，設庠序以化於邑，漸民以仁，摩民以誼，節民以禮，故其刑罰甚輕而禁不犯者，教化行而習俗美也。」又云：「太學者，賢士之所關也，教化之本原也。今以一郡、一國之眾對，亡應書者，是王道往往而絕也。臣願陛下興太學，置明師，以養天下之士，數考問以盡其材，則英俊宜可得矣。」（見《新校本漢書》，臺北：鼎文書局，頁2503-2504、頁2512。）

之內，建立學院，設經師，考核學生，鼓勵學經[10]。武帝得知此事，予以嘉勉，並下令其他郡守，以蜀郡為本，興辦學校。東漢初年，光武帝重建太學；繼位的明帝和順帝，則進一步擴充太學之規模，到了質帝、桓帝當政時期，太學興盛，學員數已超過三萬人。在光武帝和他兒子明帝當政期間，中國還有民間私辦的高等教育和初等教育學校，遍佈境內。在這些私學裡，學生研讀經典，演練禮儀，向孔子遙念致敬，與官學教育互補互足。不過，最後在桓帝及其繼任者靈帝當政時，殘害文人的歷史戲碼又再度重演。受到宦官與道家老子信徒們的奸計陷害，文人又一次被趕出官職體系。教育與選舉制度，在動亂之間，支離破碎，輝煌一時的漢朝也走入歷史。

進入下一時期之前，有一點值得我們特別注意：漢朝的教育家，特別是董仲舒、馬融與鄭玄等人，所採用的教育方法，與貝爾（Bell）和蘭卡斯特（Lancaster）提倡的導生制，頗為相似。教師坐在講堂中，只對程度最好的學生講經述義。接著，這些高足學生再對程度低些的學生傳述，就這麼一層層地將所學下傳，直到最初階的學生為止。這種傳授方式，程度最好的高足有機會親耳聆聽老師的講解，但程度次一級的學生，卻往往連見老師一面都很困難。據載，鄭玄求學於馬融門下，三年未能得見老師一面[11]。

---

10 【校訂按】《漢書‧卷89‧循吏傳》：「文翁，廬江舒人也。少好學，通春秋，以郡縣吏察舉。景帝末，為蜀郡守，仁愛好教化。……文翁終於蜀，吏民為立祠堂，歲時祭祀不絕。至今巴蜀好文雅，文翁之化也。」（見《新校本漢書》，臺北：鼎文書局，頁3625-3627。）

11 【校訂按】《漢書‧卷35‧鄭玄傳》：「融門徒四百餘人，升堂進者五十餘生。玄在門下，三年不得見，乃使高業弟子傳授於玄。玄日夜尋誦，未嘗怠倦。」（見《新校本後漢書》，臺北：鼎文書局，頁1207。）

漢唐之間的教育發展（西元221年～西元557年）

　　從漢朝滅亡一直到西元589年的三百年間，戰亂紛爭不斷。起初，中國分為三國，後又統一於晉。接著北方遭受外族韃靼（五胡）入侵，中國分為南、北兩個國家，最終又統一於隋朝。西晉建立之初，至少在京城設立了兩所官辦學校：一為太學，即國學院；另一為國子學，即公卿大夫子弟的學院。後者的學生人數，在三千到七千之間。不過，在韃靼入侵北方之後，這些學校亦不復存在。東晉時期，雖然重建了太學，也任命了經學博士，但由於政局不穩定，學校的存在也岌岌可危。南朝時期宋文帝，在京城設立了四所專科學院，包括儒學、玄學、史學與文學等領域，分別為儒士學院、哲學學院、歷史學院與文學學院。此外，也建立了國子學，即招收公卿大夫子弟的學院。同時還設置學士館，提供國子學畢業的學生繼續深造。可惜，這些學校機構都不長久。北朝時期，北魏道武帝在京城成立一所學院，置五經博士。之後，獻文帝設立鄉學，在各郡辦學，一郡置兩位經學博士、兩名助教、六十名學生。之後，據詔令記載，各郡的博士與學生人數，改為依據郡的大小而定。面積大的郡，設兩名博士、四名助教、一百名學生；面積次之的郡，設兩名博士、四名助教、八十名學生。中等大小的郡設博士一人、助教兩人、學生六十人；最小的郡設博士一人、助教一人、學生四十人。孝文帝時，除了在京城設立國子學，還設立一所初等教育學校，名為四門小學，顧名思義，是指一座有四個門的小學校。透過這種方式，鼓舞了社會講學讀經的風氣，士大夫階層因而又興盛起來。隋朝時期，京城的大學和郡與鄉的學校，

時而復辦，時而關閉，只有太學和國子監[12] 二者，它們在隋朝時期存在了很長一段時間，是屬於例外。當時的太學中也僅有兩名博士、七十二名學生。由於隋朝的士大夫不受朝廷重視，他們遂將其畢生精力投注於教育，所以當時士大夫所辦之私學為數眾多。這其中有不少偉大的教育家，透過其著作與教學方法，或自身對教育的偉大貢獻，而名留青史。如劉焯、劉玄和王通，便是很好的例子。

從漢代到唐朝長約三世紀，有近半時間處於動盪狀況，這時期的教育歷史，可以用簡單幾句話來概括：朝廷政策不再嚴格依照儒家經典的原則而制定；以研讀古籍經典為本的教育體制，受到各方強力抵制──其中包含了宦官、道家老子信徒，以及自西元一世紀起便大大影響中國文化的佛家學說。至魏晉六朝以來，舉能任官的制度紊亂多變。選拔和推薦官員的權力，長期把持在徇私枉法、行事敷衍的「中正」特編官職身上。到了最後，所有的朝廷要職都傳給了高官子弟，而爵位世襲制又逐漸捲土重來。

唐朝的教育發展（西元620年～西元907年）

從西元七世紀初開始，唐朝展開了持續三百年繁榮興盛的局面。中國在強大而豪放的統治之下，再次成為一個大一統帝國。雖然，繁榮平穩的唐朝時期也不乏有內亂外患，但整體看來，這個嶄新時代，國家太平，社會繁榮而且進步。中國人通常將唐朝和浪漫、富足、文雅、精美、輕佻、華麗，還有放蕩，聯想在一起，但其實，唐朝最為

12在隋朝結束前，將國子學更名為國子監。【校訂按】隋大業三年（607年），隋煬帝改稱國子監，賦予主管全國教育行政職能。

人津津樂道的要屬歷史、文學和詩詞[13]。唐朝初期幾位君王，特別是唐太宗時期，著力經營教育，學術機構發展迅速。就在這個時期，鄰近的國家，如日本、高麗等等，都派遣子弟來中國留學[14]。

　　唐朝的學校制度十分健全。在京城設有六所學院，即國子學、太學、四門學、律學、書學與算學。國子學招收的是三品以上文武官員的兒子或孫子，以及二品以上官員的曾孫，學生至多以300人為限。太學招收五品以上官員的兒子或孫子，與三品以上官員的曾孫，學生數上限為500人。四門學，即有四個門或四門專科的學院，能容納1300位學生，其中500人為文武七品以上官員的兒子或孫子，其餘的800人則是平民百姓中的青年才俊。律學，即法律學院，僅收50位學生。書學，即書法學校，可供30人學習。算學，即數學學院，也收30名學生。京城六學，都由相當於國家大學的國子監來管轄。京城內，還有弘文館[15]與崇文館，是專為貴族子弟、宰相之子，以及一品功臣的兒子所設立的學校。除了為貴族們設立的大學和學校之外，在京城還有一所名為廣文館的學校，專為想成為進士的人而設立。此外，還設有專教五經的京都學。

---

13 有位中國文學評論家說道：「詩歌，起源於《詩經》，發展於《離騷》，突飛猛進並臻至完美於唐朝。的確，漢、魏時期，雖有佳作，但作家空有豐富素材，語言表達卻嫌不足。」1707年，《全唐詩》出版，內容包含48, 900首各類詩作，編成900卷，共30編。針對唐詩更詳盡的描述，請參見 Giles, *Chinese Literature* 的詩歌部分。

14 【校訂按】馬端臨《文獻通考・卷41・學校考二》：「太宗貞觀五年以後，數幸國學。於門下別置弘文館，於東宮置崇文館，遂增創學舍一千二百間。國學、太學、四門亦增生員，其書、算各置博士，凡三百六十員。其屯營飛騎，亦給博士，授以經業。無何，高麗、百濟、新羅、高昌、吐蕃諸國酋長，亦遣子弟入國學。於是國學之內八千餘人。國學之盛，近古未有。」（《文獻通考》，北京：中華書局，上海師大、華東師大古籍研究所點校。冊二，頁1209。）

15 【校訂按】英文版「Hung Wen Kuan」，2007年福建教育出版社譯本與2014年商務印書館版譯本，均誤譯作「弦文館」，蓋以「弘」與「弦」二字，形近譌混所致。

京城之外，唐朝在府、道、州，甚至每個縣都設有官辦學校。中大型的府，設置府學，要能收納60名學生；小型的府，要設立得容納50人的府學。各道設置之道學，學生人數在40到60之間。至於縣學，依照轄區大小，人數則落於20到50人不等[16]。當時無論公辦學校還是私辦學校，都以孔夫子的五經，作為課程規劃的主要內容。

　　針對唐朝的教學方法，還有京城中各學院的學習科目，在馬端臨《文獻通考》中的《學校考》，還有韓愈的著作[17]都有詳細紀錄。這些文獻還說明了考試的規則與學生升學的順序，例如：在同一所學校，不同等級間的升學，還有兩所不同等級學校間的升學。根據文獻內容，各府推薦到京城就學的學生分為兩類，一類是在府學表現優異的學生，另一類是透過考試彼此競爭而嶄露頭角的學生。由此得知，要進入朝廷的學院，有兩種截然不同的途徑。

　　唐朝選賢任能的制度有三種，即：生徒法、貢舉法和制舉法。這三種方式，代表了三個不同的入仕路徑。所謂生徒，泛指從京城的六學二館，以及道學、州學畢業後，送進朝廷中央接受考試的學生。至於貢舉，指的是通過道州舉辦的考試，再送進中央接受評試的一般人。而制舉，則是指能力出眾、入選天子親自監督之考試的應試者。換句話說，想接受考試入朝為官的途徑有三條：一是先從學校畢業；二是通過道、州舉辦的考試；三是通過天子的考試。馬端臨在《文獻

---

16 【校訂按】各譯本行政單位及人數略有出入，今引錄原典資料如下：馬端臨《文獻通考‧卷41‧學校考二》：「京都學生八十人，大都督、中都督府、上州各六十人，下都督府、中州各五十人，下州四十人，京縣五十人，上縣四十人，中縣、中下縣各三十五人，下縣二十人。（《文獻通考》，北京：中華書局，上海師大、華東師大古籍研究所點校。冊二，頁1207。）

17 【校訂按】例如韓愈〈請復國子監生徒疏〉、〈論新注學官牒〉等文，見《韓昌黎文集‧卷37》。

通考》裡整理出一份表格，記錄唐朝各種學位以及取得學位的條件。考生要取得秀才和明經的學位，要詮釋古籍經典中的某些篇章，還得針對時事寫出一篇政治方略。在西元680年後，進士考試，還要求作詩。不過，比起秀才要考的古籍經典和政治方略，寫詩相對不那麼嚴格。考生想取得「明法」，也就是法律學位，要分析一些律法相關的文章或皇帝頒布的詔令。至於想拿數學學位「明算」的人，則要針對某些數學專文回答問題。不過，有些學位考試，通過的人數實在太少。例如秀才這個學位，在西元742年（唐玄宗天寶元年）因為缺乏應試者，遭到廢除。

以上所述，是早期唐代君王建立的學校及考試制度的規則。雖然這些早期規則，在繼位者統治期間歷經許多變革，無法一一羅列於本研究中。但是，我們要特別注意西元740年成立的翰林院。隸屬宮廷的翰林院，是皇家學院，專門鑽研艱深的文獻，協助皇帝講經釋疑。日後，朝廷幾乎把所有的御用史學家、檢察長、各省公共教育督導，還有科舉考試之官派監考人，都編制在這個機構之下。

在此同時，士大夫學者的生活也不平靜。自西元730年至756年之間，道家思想重新獲得朝廷的重視，唐玄宗對道家玄學的尊崇，與儒家尊孔並無二致。西元740年，玄宗設立了數個學院，稱崇玄學，專門研究老子、莊子、文子、列子這四位道家哲學大老的著作。玄宗授予道學博士的官階，與國子學博士相同；他還以傳統儒學學位的規制為本，建立一套類似的道學學位和考試制度。只不過，後來北方各地，轀輵叛亂[18]，政局動盪，這個新制度還沒等到玄宗統治結束就已

18【校訂按】此指安史之亂。安史之亂發生於西元755-763年，時當唐玄宗天寶年間，由安祿山與史思明發動。此一事件也是唐由盛而衰的轉折點，造成唐代日後藩鎮割據的現象。

經告終。西元759年，京城被強取攻破，直到西元763年，新皇帝代宗即位，才恢復教育制度，重建先王們立下根基的學術研究。根據許多文獻證實，當時的重建工作，成效甚微。朝廷經常積欠高等學院教師的薪資，而次級學院的教師，迫於生活不得不投筆歸田，自行耕種以求自給自足。當時，宦官橫行於代宗及其後幾個乏力不振的繼位君王身邊，還成了幾宗高等學院考試弊案的幫凶。西元807年，唐憲宗下詔，重新整頓東西二京長安和洛陽的六所學院，只不過，唐朝國勢日漸衰微，一直存在的考試舞弊現象，並沒有因為這份詔令而有所改善。

　　西元736年，考試制度的管理發生了重大變革。向來由吏部管理的考試工作，移轉到禮部手中。朝廷將掌管考試的權利移交禮部，是挺合理的。畢竟幾個世紀以來，科舉考試的內容，都是以禮（禮儀）為本。不過，由於朝廷特別賦予吏部舉薦的權力，視才授職，媒合官缺，因此考試掌管權的移轉，便引發吏、禮兩部持續不斷的衝突鬥爭。於是，一邊是吏部列出通過考試的官職候選人名單，另一邊則是禮部列出的薦舉名單。但吏、禮兩部不能協調一致，互不合作，導致有些通過禮部考選的人，卻得不到吏部為其媒合官職；有些禮部淘汰的人，卻被吏部選出授官。那些未獲禮部認可而得到吏部授職的人中，少數是因功受到吏部嘉獎而取得低階官職，不過，大多數的人都是高官的兒子。像這樣靠著父蔭謀得官位的現象，晉朝（西元260年～西元420年）就已經存在。這些官員的兒子，想進入所謂高官搖籃的國學來就學，易如反掌。代宗以降，宦官大力護航此一特權陋習。爾後，通過考試的士子，想要取得官職的難度極大。的確，後來禮部送交的考取名單內不到十分之一的人，能蒙獲吏部授官，其難度之高，可見一斑。顯然，在夏、商、周三代以及漢朝期間，取士考試

制度與舉官任用制度是合一的，成功通過考試的人，政府都會舉任官職。但到了唐代，取士考試由禮部負責，舉官任用則是吏部負責，因此取士與舉官，變成兩件不同的事。

在進入下一個歷史階段前，我們再多提幾件跟唐朝教育有關的事，加以說明。西元八世紀初，朝廷大夫與各府首長會仿照漢朝的慣例，在聽朝閒暇時派遣博學能士進京，來為天子開示講道，為朝政提供意見。考試制度下，設有選拔神童的考試，也有選拔各府道內道德督導官員的考試。西元702年，設立武舉考試，詔訂考試內容與學位。通過考試的人，也如明經、進士一般。武舉考試在西元800年廢除，西元808年復招。最後要提的是，唐朝在各府道設立了醫學專門學院，還建置了與一般學校升學制度和認證制度雷同的考試方法與學位，以鼓勵醫學研究。

西元907年滅亡的唐朝，其教育發展，我們已簡述如上。我們接著要跳過分裂中國長達半世紀的五代時期（西元907年～西元960年）。這個時期的教育制度，並不穩定，不值得探討。因此，下一個我們討論的是有別於中國歷朝，異常熱衷於文學與教育的傑出朝代——宋朝。

宋朝的教育發展（西元960年～西元1280年）

隨著宋朝興起，我們進入中國歷史上另一個偉大的知識活躍時期。在這一時期，馮道（西元881年～西元954年）發明了刻版印刷技術，並應用於書籍印製與流通，因此大大促進了知識的傳播。宋代幾位開明的君王，鼓舞各方有志之士，致力研究史學、經學、文學、訓詁學以及詩詞。雖然，宋朝在西元1125年至1127年間，遭到金人

入侵，而導致國力衰退，但是宋朝終究開創出中國教育史上的嶄新紀元，要說他們遙遙領先其他朝代的建立者，是恰如其分的描述。

開朝皇帝宋太祖登基之後，在京城重建了國學，也就是國子監，接收七品以上官員的子弟入學。西元1043年，在仁宗的統治下，重建四門學，同時招收官員與平民子弟[19]。次年，國子監博士獲得批准，重建漢唐時期辦學卓著的學院「太學」。太學重建之初，校舍不足且極為簡陋，未能好好安置學生。到了西元1068年，才有規模合宜的校舍，能容納900名學生[20]。仁宗於西元1044年，運用公帑，建置了府縣的學院。就整體來說，京城外各州縣府學校的重建，也都是從仁宗開始進行的。同年，仁宗以各州縣學校未能慎選教師，特頒詔戒飭地方官員，要求各級學校需挑選合格教師來任教。後來在王安石策力下，朝廷於皇宮附近設立了一所研究法律的學校，同時建置了律法科舉考試——「明法」，以取代傳統經學科舉考試——「明經」。此外，宋朝還設立武學，聘任武學教官[21]。西元1079年，宋朝採取新制「三舍法」：將太學學生分為三等，即外舍、內舍、上舍三個等級。列為第一級外舍的學生共2000名，第二級內舍學生300名，第三級上舍學生100名[22]。三個等級代表著三種成績。學生通過一連串的

---

19 【校訂按】馬端臨《文獻通考・卷42・學校考三》：「慶曆四年，立四門學，以士庶子弟為生員。」（《文獻通考》，北京：中華書局，上海師大、華東師大古籍研究所點校。冊二，頁1222。）

20 【校訂按】馬端臨《文獻通考・卷42・學校考三》：「神宗熙寧元年，增太學生員，慶曆中嘗置內舍生二百人，至是又增置一百，尋詔以九百人為額。」（《文獻通考》，北京：中華書局，上海師大、華東師大古籍研究所點校。冊二，頁1223。）

21 【校訂按】馬端臨《文獻通考・卷42・學校考三》：「仁宗時常置武學，既而中輟，至是復置，尋詔生員以百人為額。又置律學，置教授四員。」（《文獻通考》，北京：中華書局，上海師大、華東師大古籍研究所點校。冊二，頁1224。）

22 【校訂按】英文原版所記三舍學生人數與史載略有出入，此處翻譯忠於英文版，然史籍之記錄，參見馬端臨《文獻通考・卷42・學校考三》：「徽宗崇寧元年……凡此聖

考試可從第一級外舍，升到第二級內舍，然後從第二級內舍，再升到第三級上舍。升到上舍的學生，便能直接服官職，或享有其他特權。太學的分舍制度與學生晉階升級的制度，其設置目的就是要提升太學的水準，誘導學生按部就班完成學位，而不是依照往例參加科舉考試，僅以詩賦博取功名。當時官吏選任的辦法與唐朝一樣，有兩個途徑：一是透過學院的考試，二是通過省級科舉考試。雖然三舍法在西元1086年曾遭到廢除，不過在西元1094年恢復實施之後，還繼續了很長一段時間。西元1099年，朝廷下詔在國內各個學校，推廣三舍法，並允許學校直接授予學生學位，與通過州府科舉考試才能取得的學位相當。甚至在西元1103年，朝廷下詔中止所有公開考試的活動。當時，學院博士改為地方官員派任，而不再由禮部選任[23]。由於這些新制產生的學院博士，在挑選學生服任公職時，眼光不如以往，所以士子們有諸多抱怨。因此，各州實施之三舍法遭致廢除。然而，到了西元1142年，金人入侵，徽宗被擄，宋朝南遷建京於杭州府，即現今浙江省省會杭州，又再度恢復實施三舍法。

　　據載，宋徽宗於1104年創辦了算學、醫學、畫學、書學四種專門學校。宋朝除了在京城設置上述四種學校之外，甚至也以古代專為

意，悉與古合。今上其所當行者：太學專處上舍、內舍生，而外學則處外舍生。太學上舍本額一百人，內舍二百人，今貢士盛集，欲增上舍至二百人，內舍六百人，外舍三千人。」（《文獻通考》，北京：中華書局，上海師大、華東師大古籍研究所點校。冊二，頁1227。）

23【校訂按】此處英文原為「禮部」，據查文獻資料也以「禮部」為正，然1916年與2014年版商務印書館譯本、2007年福建教育出版社譯本，均改為「吏部」，有誤。參見馬端臨《文獻通考·卷41·學校考三》：「帝既親政，群臣多言元祐所更學校科舉制度非是。帝念宣仁保祐功久，不許改。至是議者益多。監察御史郭知章言：『先帝立三舍法，以歲月稽其行實，故入上舍而中上等者，得不經禮部試，特命以官。……』」（《文獻通考》，北京：中華書局，上海師大、華東師大古籍研究所點校。冊二，頁1226。）

道德與經學教育而設的學校為範本，在各州設立這四種專門學校。幸虧有馬端臨與韓愈的紀錄，這些學校提供的課程內容才得以保存下來。不過，這些新設立的學校，時存時廢。當宰相蔡京被罷黜時，學校也被廢除，而當蔡京被召回時，學校又隨之恢復。韃靼（金人）入侵後，宋高宗曾於西元1132年至西元1145年間多次發出詔令，在新的京城以及仍歸順於他的南方各州興學。我們甚至還能在西元1151年的一道詔令中，得知當時各州縣設有高級督學，而且在特定土地中還得撥出收益款項，作為學校開支之用[24]。但整體而言，當時學校資源匱乏，少量的土地收支與財政津貼和為數眾多的學生相比，天差地遠。此時學院博士已無舉薦學生任官的權力，士子想要升任官職，一般都得靠科舉考試了。

儘管宋朝初期的各任皇帝都不太重視學校建設，不過，由於大家公認為國選才任官的科舉制度，既有效且必要，因而獲得大大的發展機會。因此，宋朝除了保持慣例，由各州長官薦舉人才之外，還設置了各類高等功名考試，以及專為五經、律學及其他專門學位而辦的考試。禮部掌管考試工作，訂定獲取進士及其他高等功名所需的各種條件。根據馬端臨記載，宋朝的考試科目與唐朝大同小異。不同的是，進士的科舉考試更重詩賦。這麼一來，比起地方行政官職，通過科舉考試選取的進士更能勝任翰林院的文書工作。

總而言之，宋朝時讀書人注重科舉考試，更勝於學校教育。因為透過科舉考試，他們得以謀得一官半職。各類考試制度，就是在宋朝時期獲得一致性，同時也建立了更加嚴密的規則來防止舞弊。這些考

---

24 【校訂按】馬端臨《文獻通考・卷42・學校考三》：「王晚知臨安府，括民間冒占白地錢，歲入十二萬緡有畸，為太學養士之費。」（《文獻通考》，北京：中華書局，上海師大、華東師大古籍研究所點校。冊二，頁1232。）

試規則，甚至沿用到晚近時期。我們先前提過，在西元十一世紀末的北宋晚年，學院博士有權直接授予學生學位，其地位和通過科舉考試的學位相當。我們也談到在西元 1103 年，朝廷甚至頒詔中止科舉考試。然而在金人入侵之後，學院博士已無舉薦學生獲得功名的權力，士子想要升任官職都得靠科舉考試了。只不過考試制度的設立，目的在提供國家良善誠實的行政人才，而宋朝科舉考試，因過度重視詩賦，已大大改變了初衷。士子們的學習，跟當初孔子及其弟子所提出的目標已經大不相同。是故，馬端臨認為，宋代養士之德行，非盡本於古禮，去孔門之道遠哉[25]。

　　宋朝的哲學思想發展，對後代中國教育史的影響，既深且鉅。因此，我們在考察宋朝的教育發展時，若沒提到宋代理學，那就不夠完整了。自漢朝以來，中國儒生畢其一生，致力於古籍經典的研究。每位學者進行編寫經注與評論時，將自己個人的解經觀點傳授於門下子弟。漸漸地，這些觀點評論被視為該學派至高無上的教條，師徒相授，任何人都不敢有所悖離。甚至朝廷也成立了專門進行經文注釋的學院。東漢時期，馬融、鄭玄等人便蒐集各派的經文注解，重新注釋古籍經典，整合各家學說，成功打破各派分立的狀況。後來，唐朝學者又竭心盡力對漢朝學者的注解作進一步的梳理與詮釋。只不過，漢

25【校訂按】參見馬端臨《文獻通考・卷41・學校考二》引朱子《學校貢舉私議》云：「學校必選實有道德之人使為學官，以來實學之士，裁減解額、舍選謬濫之恩，以塞利誘之塗。蓋古之太學，主於教人而因以取士，故士之來者為義而不為利。……熙寧以來，此法浸壞，所謂太學者，但為聲利之場，而掌其教事者，不過取其善為科舉之文，而嘗得雋於場屋者耳。士之有志於義理者既無求於學，其奔趨輻輳而來者，不過為解額之濫、舍選之私而已。師生相視漠然如行路之人，間相與言，亦未嘗開之以德行道藝之實，而月書季考者，又祇以促其嗜利苟得冒昧無恥之心，殊非國家之所以立學教人之本意也。」（《文獻通考》，北京：中華書局，上海師大、華東師大古籍研究所點校。冊二，頁1235。）

唐時期學者的注解與討論，都難脫先人的教條，沒有人敢在尊古崇古的教條外，另尋新義[26]。漢唐以前學者的主要工作，就是謹守古代信條，並據以詮釋討論。在宋朝，一批偉大的思想家們受到當時在中國已蓬勃發展的佛教思想影響，成功建立起新的哲學流派，改變了漢唐的教育理論與實踐。不過，追溯他們的哲學觀點或定義各門派的範疇，不屬於我們現在討論的主題。我們只要知道，他們也是儒家學者就夠了；有很多文獻資料證明，宋代儒者的思想活動，同時受到佛教與道家的啟發和引導。不過，他們卻都刻意與佛、道兩家保持距離，潛心努力，想方設法地在佛、道兩者之間，開出一條折衷的路子。當時發展出兩個流派：一派主張唯心論，認為物只是想像下迷惑人的幻影；另一派則主張唯物論，認為心由物生成。這兩個派別，都以一元論為尊。宋朝的思想家們，綜合了這些各執一方的概念，大膽主張「二元論」本來就存在於自然中，而「理」與「氣」是宇宙萬物的本原[27]。專門研究中國哲學的人會主張，現代科學的教義早就存在於中國人的思想中，而且我們認為晚近現代科學才做得到的歸納分析，事實上中國人早就做到了。

此一時期的著名哲學家有：周敦頤、邵雍、程顥、程頤、張載、陸九淵和朱熹。其中，最後一位提到的朱熹最為知名，對中國教育的影響也最大。朱熹著作等身。除了他根據司馬光《資治通鑑》改寫的

---

26 【校訂按】唐代學者為漢以來經師所注的儒家經典，作了進一步的疏解。但唐人謹守「疏不破注」的原則，奉前人注解為圭臬，不敢有絲毫逾越。甚至遇到有問題處，也曲為迴護，不惜穿鑿說解。

27 Martin, *The Lord of Cathay*, p. 37. 【校訂按】例如：北宋思想家程顥、程頤與南宋朱熹以「理」為形式法則，「氣」為實質內容，屬「理氣派」。宋明理學家所主張的，是「探究宇宙與心性的關係，希望在思想方面，能建立一套貫通宇宙人生原則及修己立人之理論」的一種學問，講求「修齊治平」的道理。

《通鑑綱目》——至今仍被視為是標準中國歷史書之外，他同時也是注解儒家經典的第一把交椅。「朱熹注經與漢朝儒生之著重名物訓詁相比，不盡相同。漢朝學者不容質疑的經籍注義，同時形塑出一套政治社會道德標準，然而朱熹的注解，某種程度上卻修正了這套標準。朱熹注經，以義理是否一致作為最高指導原則。朱熹認為，同樣的字詞出現在不同的文句中，可能有不同的含義，不該用相同的意思去注解。這種清楚直白的注解方法，成效出奇的好。自此之後，世人理解孔子的教義，皆師從朱熹之注。」[28]

在宋朝，與上述哲學家立場明顯對立的政治改革者與經濟學家王安石（西元1021年～西元1086年），他終其一生的仕途，對宋朝的教育發展也有十足的影響力。為了合理化他改革計畫下的某些激進手段，他重新注解了部分儒家典籍，來作為辯護。他還進行考試制度的改革，廢除著重行文典雅的詩賦詞章，轉而以對關注實際政論議題的經義策論為主[29]。一位中國學者表示：「於是就連鄉下學校的學生，也把有著華麗詩文的教材扔了，而從頭學起歷史、地理、政治和經濟。」王安石也說：「我自己一直是什麼書都讀的人。像古代醫學、植物學這類的書我也會看，甚至還涉獵農業、女紅類的專書。我認為無論什麼書，都有助於我理解古籍經典的龐大結構。」然而就跟其他偉人一樣，王安石的思想和行為遠遠超前於他所處的時代。由於不被保守勢力所容，他終究失寵於朝廷，而被貶為州史。雖然他很快又被召回，不過隨即辭官，不久後便去世了。他還目睹自己的政策遭到推

---

28 Giles, *Chinese Civilization*, pp. 94-95.

29 【校訂按】馬端臨《文獻通考‧卷31‧選舉考四》：「神宗熙寧二年，議更貢舉法，罷詩賦、明經、諸科，以經義、論、策試進士。初，王安石以為古之取士俱本於學，請興建學校以復古，其明經、諸科欲行罷廢，取元解明經人數增進士額。」（《文獻通考》，北京：中華書局，上海師大、華東師大古籍研究所點校。冊二，頁907。）

翻，而他先前為儒家經典所注經義也遭到查禁。

在結束宋朝時期之前，我們再簡短談談遼和金的教育狀況。遼和金這兩個韃靼部族，曾先後占領中國北方的領土。遼族雖以武力占領中國北部，然在文治上卻模仿位處南方的宋朝，設置學院，並建立考試制度。金人滅遼後，在教育方面也效仿遼制。他們在所統領的各州恢復以漢文為主的科舉考試，藉以選出填補官職空缺的人才。金人把中國典籍翻譯成女真文，並印製漢文與女真文的對照本，當作以征服地區之學校的教科書，拿來教育孩童。他們也用女真文舉行科考，因此一度造成了同時以漢文和女真文授予進士和舉人學位的現象。此外，金人還設置法律考試，以及選拔神童的童子試，而且金朝境內廣設多所醫藥學校。

既然提到了北方的韃靼族（金人），就不能不提另一件事。偏處南方卻長年受到北方韃靼部族威脅的南宋朝廷，也會偶發振奮，警醒著朝廷不能全然忽略的軍競技能。於是，宋高宗在西元1135年建立武舉制，並在西元1157年頒令在京城設置武學。甚至，在西元1169年，朝廷還在保家衛國的前線軍隊內，仿照文舉功名制度而頒發武舉功名。

元朝（或稱蒙古時期）的教育發展（西元1280年～西元1368年）

西元十三世紀初，蒙古人崛起於北方，宋朝與蒙古人締結聯盟，一起攻打金人。然而，在西元1235年宋與蒙古兵聯軍滅金之後，宋朝原以為身為遊牧民族的蒙古人會載著戰利品，返回大漠故鄉。不料，蒙古人卻反過來對付宋朝。我們不難想像宋朝的困頓，他們先是

不斷地央求蒙古人幫忙打仗退敵，最後自己卻慘跌一跤，讓對方順利擁有了全中國。

　　起初，蒙古人雖然征服了中國，卻對中國文明興趣缺缺，也並不打算讓漢人擔任一官半職。因此，他們不急著重建科舉制度與學校。不過，有幾位較為開明的皇帝，一直都支持文學與教育。於是，元朝開國皇帝忽必烈在西元1269年，命西藏教士八思巴創制了蒙古語的文字；西元1280年，下令重訂中國曆法；西元1287年，重啟國子監。在忽必烈的統治下，各州縣的公立學校也呈倍數成長。在元仁宗統治期間，京城和各州府恢復科舉制度，考生要針對經典和時政撰寫策論。由於當時各種古籍經典已經譯成蒙古文，所以考生分為兩類，用蒙古文考試的人要考兩科，用漢文考試的人則要考三科。因為授封高官的漢人與蒙古人數量相當，朝廷為了安撫蒙古人，將當時每個行政部門的官吏數都增加一倍。這種漢、蒙兩族等額配置官員的辦法，一直沿用到西元1335年元順帝繼位，才下詔中止科舉考試，排擠漢人，改為只任用蒙古人為官。西元1340年，同樣在順帝時期，為了平弭漢人的不滿，朝廷又被迫恢復科舉制度。在元順帝多事飄搖的統治時期結束之前，元朝都實行科舉制度，直到順帝北遁，王朝告終為止。

　　元世祖忽必烈及其繼位者們，鼓勵科學研究，尤其認為醫學、占卜學和天文學等三門學科十分有用。在這些皇帝統治期間，中國各州都設有這幾門科學的專門學校。學生於各州醫事學校畢業之後，可以參加科舉，合格後升入京城的醫學院（即太醫院）；至於各州天文學校的畢業生在通過考試後，則可在皇家天文台（即欽天監）擔任助手。

　　元朝的公立學校制度在極盛時期有兩套學校系統，一個設於京

城，另一個設於地方各州。京城內設有三所國子監，分別給漢人、蒙古人和穆斯林。在地方各州[30]，由公家經費負擔的教育機構如下：各州的州學（書院）、各路的路學、各府的府學、各縣的縣學。此外，各路還設有學習蒙古文、醫學與占卜學的學校。由一份約莫是元朝中期的報告顯示，當時全國的學校總數，多達24,000所。不過，根據紀錄，元朝有許多學校多半名存實亡，元世祖忽必烈及其繼任者們的詔令，並沒有完全被落實下來。總體來說，因為元朝制定教育政策，並非出於對教育的真誠嚮往，也不出於認為教育既重要又有實效的堅強信念，而僅僅是一種籠絡漢人、爭取民心的手段罷了。

在這樣的環境下，元朝幾乎沒有孕育中國教育史上名就功成的教育家。不過，至少有一位對教育有貢獻的人，世世代代都會記得，那就是南宋王應麟，男學童的識字小冊《三字經》的作者。六七百年來，這本識字小冊，是全中國每個孩子手上的第一本書。它包羅萬象，涵蓋哲學、經典文學、歷史、傳記與尋常事務，就像是《資治通鑑》的袖珍版。《三字經》以三字為一句，以便於記誦的打油詩體撰寫而成。每個識字的中國人，對《三字經》都十分熟悉。

明朝的教育發展（西元1368年～西元1644年）

整體而言，明朝的歷代皇帝都擁護文學與教育的自由發展。明朝的開國皇帝明太祖即位之初，就頒布好幾道詔令，建立國學（國子監）、各州學院與學校，以及考試制度。這些詔令確定了學院博士的

---

30 元朝時，中國被分成13個州。到了明朝，增加為15州；到了清朝康熙時期，重新堪輿劃地，增加到18州。

頭銜、各級學校招收的員額、給學生的津貼、課程安排、每天的日課、考試的種類，還有其他跟學校組織管理相關的許多枝微細節。明太祖仰慕古代學習制度和教育法，所以在課程規劃上，除了常規的經學外，又加上兵術與算學。也在京城與各州辦的科舉考試裡，加考兵術與算學。不過，這種文武並重的教育計畫並沒有達到很好成效。沒多久之後，學院的課程和考試的內容，又恢復了過去純以文學為重的特性。西元1392年，禮部請求單獨設立武學和武舉，但明太祖仍強迫國子監的學子們練習射術，要求文武並重，拒絕單獨設立武學。因為他認為這是一套人人都可以適用的教育制度。後來，明太祖也在郡縣設立學校，以鼓勵興學，培養學者。據傳，在他當政期間，高麗、日本、暹羅和其他鄰國的政府，都曾派遣學生到中國留學，而且國子監內還設有這些留學生的專門學房。明太祖也曾下令各州學校，推薦優秀畢業生，進入京學深造就學。後來，明成祖任命專職官員督導各所州學，還在北京、南京及邊防部隊駐地，設立武學。在明成祖掌政期間，成功完成百科全集的曠世巨作《永樂大典》。書中彙編了前朝古人於儒家經典（經）、歷史（史）、哲學（子）和一般文學（集）四大領域的所有作品，其內容廣被海涵，包括了天文、地理、物種起源、醫學、占卜、佛學、道學、工藝和藝術[31]。

　　明朝的公立學校制度在極盛時期設有以下各級學校：在京城設有

---

31 《永樂大典》的成品，歷時五年，耗費總計超過兩千餘名學者的心力；其規模不少於22,877卷，還得加上多達60卷的目錄。全書（以中式裝訂）共計11,000多冊，每冊平均厚度有半英寸，攤開來長1英尺8英寸，寬1英尺。據翟里斯（Giles）教授計算，如果將這些書全部平放一本本地疊起來，它的高度可以超過聖保羅大教堂。進而，每卷至少有20頁，全書至少有917,480頁，至少3億6,600萬字。假設100個漢字相當於130個英文字，而且中國文學作品行文又簡練許多，我們可知，即便像是《大英百科全書》這樣的浩瀚大河，拿來和中國這本勵學奮勉的代表作相比，也會「變成為一條涓涓小溪」。Giles, *Chinese Classics*, pp. 202-203.

國子監，還有一所為貴族子弟設的宗學。至於在地方上，府有府學，州有州學，縣有縣學，鄉有鄉學。此外，在各省還設有幾間教武官子弟的學校，如都司儒學、都轉運司儒學、京衛武學等[32]。

根據西元1368年詔令，朝廷設立國子監。目的是取法於兩所古代的學校制度——小學與太學。國子監的生員，包含官宦子弟、留學生、通過各州科舉考試者與州學薦舉的學生。國子監分為六堂。學生得修業十年，持續通過難度遞增的考試，才能一堂一堂往上升。第六堂修業期滿者，獲頒的學位等同各省科舉考試中舉者，並可服任公職。由於明初科舉考試中舉的人不多，國子監畢業生要在各省謀得一官半職並不困難。完成某些學業要求的學生，朝廷會安置在各部院，讓他們累積經驗。這些人當中，會有38人分配到翰林院擔任翻譯員。從西元十五世紀後半葉開始，明朝各部院的舉官制度，在某種程度上變得比較紊亂。當時，選賢舉官依據的不是學生的考試成績，而是看他們在國子監待的時間長短。因此，很多在國子監完成不了學業的生員，還是可以到各部院見習。

各省學院與學校的學生，可分為四類：其中兩類有津貼補助，另外兩類則沒有。根據西元1426年和1447年頒布的告示，非津貼補助學生，只要是特定期考考試合格，則得以列入津貼補助的名單之中。自西元十五世紀中葉開始，由專門的官員薦舉學生進入國子監，而且這些人同時負責督導學校，將學生分為三類：可赴科考博取功名者、

---

32 【校訂按】參見《明史・卷75・志・職官四》：「明初，置儒學提舉司。洪武二年，詔天下府州縣皆立學。……正統元年始設提督學校官，又有都司儒學，洪武十七年置，遼東始。行都司儒學，洪武二十三年置，北平始。衛儒學，洪武十七年置，岷州衛，二十三年置，大寧等衛始。以教武臣子弟。俱設教授一人，訓導二人。河東又設都轉運司儒學，制如府。其後宣慰、安撫等土官，俱設儒學。」（見《新校本明史》，臺北：鼎文書局，頁1851-1852。）

應留校繼續學業者與應受懲戒且予以退學者。

　　跟選賢舉官的制度一樣，明朝的科舉考試制度也做過一些修改。有不少例子顯示，朝廷會召回多次考不中進士的應考者，讓他們再考一次較為簡單的考試。根據詔令規定，各省科舉考試的應試人數，固定為1370員。之後，依據省分不同，數量漸增。至於進士的名額也是固定的。進士考試分為南、北兩區進行，這是因應北方各省考生的程度較差所做的彌補措施。西元1454年，朝廷廢除了分區考試的制度。以往各省鄉試科舉考試，由地方官員全權處理，但到了明朝，主考官一職，改為從翰林院成員與朝廷官員中來遴選委任。京城的會試，則由尚書或宰相主掌，翰林院人員協理之。

　　明太祖復興了蒙古人視為無用的武舉考試。仿照文舉考試的規制，武舉考試也分為各省的鄉試和京城的會試。這些考試由高階的兵部代表主持。只不過，武舉考試不甚嚴謹，一直要到西元1506年，制定新的武官制度，考試才真正系統化。武舉的考試內容為策論、射術與騎術三大科目。

　　明朝歷代皇帝都頗為贊同蒙古人鼓勵的科學研究，如醫學、占卜學、天文學等。掌管天文曆法的欽天監有一個特別的部門，裡面的工作人員原本由全國各地選拔而出，但是這些官職之後都變成世襲的了。同樣的，太醫院的空缺，一般也都是傳給朝廷太醫們的子弟。雖然有時也透過科舉招考這些職缺，不過這類考試的應試者，通常也出身於醫生世家[33]。

33【校訂按】參見《明史‧卷74‧志‧職官三》：「太醫院掌醫療之法。……。凡醫家子弟，擇師而教之。太祖初，置醫學提舉司，……洪武三年，置惠民藥局，府設提領，州縣設官醫。凡軍民之貧病者，給之醫藥。」（見《新校本明史》，臺北：鼎文書局，頁1812-1813。）

明朝初期的教育思想與元朝相同，是以宋朝的朱熹、二程學派為主流。後來，有一個新學派快速崛起，不僅與舊學派分庭抗禮，爭取主導地位，還修正了後世的教育理論與實踐。這個新學派的創立者，就是王陽明先生，號稱「先於威廉‧詹姆斯的實用主義者」[34]。「王陽明的學說包含兩個主要原則：其一，知行合一，二者不可分離；其二，心即理，每個人當以自己的心體察事物的理。因此，他的實踐哲學，正是後來聞名西方的實證主義與實用主義的結合。王陽明主張『致良知』，主張個人把自己的標準套用在萬物的現象上。個人根據自己的本性解決問題；他所強調的，是生命的真理與自我的真理。然而，以此獲得的知識要能透過實踐加以驗證。唯有如此，才能證明這樣的真知不是單一實踐的結果，而是經得起眾家實踐以驗證出的真理。行，才是知之成。[35]」

王陽明基於其哲學思想所發展出的教育原則，與裴斯泰洛齊（Pestalossi）及其信徒的主張類似。他認為教育要能均衡發展個人的能力。為了確保這種平衡發展，就必須盡可能給兒童最大限度的自由，同時移除對兒童的各種限制。他說：「大抵童子之情，樂嬉遊而憚拘檢，如草木之始萌芽，舒暢之則利達，摧撓之則衰痿。今教童子必使其趨向鼓舞，中心喜悅，則其進自不能已：譬之時雨春風，沾被卉木，莫不萌動發越，自然日長月化；若冰霜剝落，則生意蕭索，日就枯槁矣。故凡誘之歌詩者，非但發其志意而已，亦所以泄其跳號呼嘯於詠歌，宣其幽抑結滯於音節也。導之習禮者，非但肅其威儀而

---

34 【校訂按】威廉‧詹姆斯（William James），是美國著名的哲學家與心理學家。他和查爾斯‧桑德斯‧皮爾士（Charles Sanders Santiago Peirce）一起創建了實用主義，是美國實用主義的奠基人。

35 Paul S. Reinsch, *Intellectual and Political Currents in the Far East*, pp. 133-134. 【校訂按】簡單來說，王陽明「心學」主張「心即理」，其核心主旨便是「知行合一」。

已，亦所以周旋揖讓而動盪其血脈，拜起屈伸而固束其筋骸也。諷之讀書者，非但開其知覺而已，亦所以沉潛反復而存其心，抑揚諷誦以宣其志也。[36]」

清朝的教育發展（西元1644年～西元1842年）

現在我們已經談到現代教育運動發祥與起飛的朝代。清朝的十任皇帝中，有一半以上都因著重培植教育、發展教育事業而聞名青史。例如清太宗創造滿洲文字，用滿文來翻譯漢文典籍而聞名。他要求王爺與朝官們十五歲以下的世子都要入學讀書。據歷史記載，繼位的清世祖順治皇帝，不但重建國子監，建立了八旗學校[37]，還設置宗學來提供宗室貴族子弟們就讀。康熙皇帝則是中國有史以來最偉大的文學支持者之一。康熙皇帝在當時傑出學者的相助之下，發起並完成了好幾項文學大業，堪稱為歷朝歷代之最。當中主要的有：（1）《康熙字典》，漢語的標準大字典；（2）《佩文韻府》，一本彙編所有文學用字索引的韻詞辭典，即便用行行緊挨的方式印刷裝訂，也要44大卷；（3）《駢字類編》，類似《佩文韻府》，只是索引編排的方式不同，共裝訂成36大卷；（4）《淵鑒類函》，是一本多達44卷的百科全書；（5）《古今圖書集成》，是卷帙浩繁的圖解百科全書，共有1628卷，每卷約200頁。康熙時，安置琉球派來的子弟到國子監

---

36 【校訂按】本文引自〈訓蒙大意示教讀劉伯頌等〉，簡稱〈訓蒙大意〉，收錄於《傳習錄・中卷》。見《王文成公全書・卷38》，《四部叢刊》本，臺灣商務印書館，1979年。根據《王文成公全書・年譜》將此文節錄，列於「（明武宗正德）十有三年戊寅，先生四十七歲在贛。……四月班師，立社學。」之後。推測此文當為王陽明四十七歲時所作。

37 滿族人都有其歸屬的滿旗組織，分別以八旗當中不同顏色與設計的旗幟為誌。

求學。他還在皇宮附近設立公共學校（官學），提供讀、寫和射術等課程。此外，他還鼓勵各省設立地方學校（社學）以及公辦的慈善學校（義學）。康熙的繼承者雍正皇帝，提撥各省百兩的經費，設立書院，培養教育。雍正年間，朝廷還特選漢族與滿族的博士，專門教導前來國子監留學的俄羅斯官派學生[38]。康熙的孫子乾隆皇帝，對文化與教育的支持與其祖父相比，可謂伯仲之間。在乾隆皇帝督導之下完成的作品很多，且工程浩大，例如：重新修訂出版的《十三經》與《二十四史》[39]。西元1772年，朝廷下令，蒐羅所有值得保存的書籍，共3,460種，按照經、史、子、集四類編排而成的《四庫全書總目》。這套書堪稱史上獨一無二的宏篇鉅構，其中的每件作品，還附上完整的考據資料以及內容提要。乾隆統治時，還極力獎勵各省建立書院。

　　清朝早期幾位皇帝為了穩定政權，先讓漢族官員執掌行政，一切都採取前朝的規制。新王朝要設立新制度，得先借鑑前朝統治者的制度，以之為基礎，再因勢利導，予以改變。當時清朝的公共學校系統由三種學校組成：一是供貴族上的宗學；二是國學（或官學）；三是省學（或書院）。宗學設於京城，又可分為三類：第一類就稱為宗學，是供王貝勒、世子就讀的學校。這類宗學有兩種，一種專供漢人，另一種專供滿族；入學年齡在十至十八歲之間；課程包括滿文、

---

38 【校訂按】時當雍正六年（1728年），俄羅斯派遣41名留學生前來國子監就學。

39 【校訂按】歷來將仿《史記》紀傳體寫作的史書稱為「正史」。迄於明代已有「二十一史」之名。清乾隆初年，刊行《明史》，成「二十二史」。後來又增《舊唐書》為「二十三史」。之後再加入從《永樂大典》輯錄出來的《舊五代史》。乾隆四年（1739年），經乾隆皇帝欽定，合稱「二十四史」，刊行「武英殿本」。英文原版作《二十四史》，無誤。惟2007年福建教育出版社譯本與2014年商務印書館版譯本，均予以誤注，當訂正為「二十四史」。

漢文、御術與射術。第二類宗學叫做覺羅學，專收覺羅姓氏的滿族貴族階級之子弟。這類學校共分八所，滿族八旗，一旗一所；覺羅學提供的課程，與第一類宗學雷同。第三類宗學，名為「盛京宗室覺羅官學」，是前兩類學校的綜合，招收盛京的宗室和覺羅子弟就讀。至於公共學校系統裡的第二種學校，是泛指國學的各式學校，專為官宦子弟、滿族八旗的老百姓、蒙古人，還有幫助滿族殲滅明朝的漢族後代子孫而設立。國學有各式種類，有教授蒙古文以及滿文的國學，也有專教算學的國學。國學以京城最多，盛京、黑龍江也有。至於國學之首，則非國子監莫屬，因為它擁有組織嚴明的學官與國學博士團隊。國子監的學官，滿族與漢人各佔半數；而其招收的學生，包括有秀才、通過二級科舉的貢生、有功於朝廷之已逝官員的後代蔭生、國子監的在學監生、外國留學生、滿漢功臣的子弟，還有孔子以及其他聖賢的後裔。國子監提供兩種研習課程，一主經義，一主治事。修習經義的學生，得專攻某一經典或兼修數種經典。修習治事的學生，可選擇以下科目：歷代典禮、賦役、律令、邊防、水利、算學。他們可以專治一門，也可以選擇兼治數門。除了上述各種學校，還有其他帶有教育性質的國家機構，例如翰林院、欽天監與太醫院等。

各省地方上由政府辦的學校包括：各省的書院、各府的府學、各州的州學、各縣的縣學，還有各鄉的社學與義學。其中，以公帑辦置的社學與義學，是給那些無法負擔私學的窮苦家庭小孩就讀的。省城書院是給秀才學位以上的高等生就讀的學校。至於府學、州學與縣學所招收的學生有四類：領公家補助津貼的廩膳生、在歲考中獲得最好成績的增廣生、歲考成績第二等的附學生，以及剛剛通過縣考獲得秀

才資格的學生[40]。所有學校都會舉行月考、季考、歲考與特別歲考。成功通過歲考與特別歲考的人，會被推薦參加更高等的考試。這些各省地方上的學校，到了現代初期已經式微，其中大多數博士和生員只剩名分而無實質用意。學校不再提供課程，學生也只在定期考試時出現。這個狀況肇因於生員們領悟到他們晉級與否，端看巡迴督導官員所主考的定期考試，而不以出席率來論定。所以，除了在官員定期來校主持考試時，生員們會到學校應考，其餘時間他們就待在家裡了。因此，定期考察與分期考試的制度，就這麼毀了各省的地方學校系統。

學校系統逐漸式微，反倒是助長了科舉考試制度的重要性。當時，科舉考試制度已經發展成一部巨大的機器，觸角廣及這個龐大帝國的每一個角落。清朝時期，雖然可以透過捐官、保薦與皇上特批等途徑進入仕途；不過，科舉制依然是政府選賢任能的一個方法。進入現代初期，對於科舉考試制度的操作模式，我們也算熟悉有餘，不過肯定還是有探究空間。那麼，以下就列舉出步上仕途必須通過的關關考試：

1. 州縣學的入學考試。

2. 縣城舉行的小試。第一個學位考試，中選者稱秀才。

3. 省城舉行的省試，由文學大學士主考。第二個學位考試，通過小試之秀才方可應考，中選者稱舉人。

4. 在京城舉行的會試，每三年舉辦一次。通過省試之舉人方可應

---

40 【校訂按】英文原版僅列四種，但據清・俞正燮《癸巳存稿・卷8・釋社》云：「我朝順治九年、雍正元年、乾隆二年，皆官立社學，則實社中之學也。學生有五等，學生亦曰廩生，一也；增廣生，二也；附學生，三也；青衣附學生，四也；社學俊秀生，五也。今學政寬，無青衣俊秀，未入學者，皆結銜俊秀。凡社學皆稱義學。」（參見《癸巳存稿》，臺北：世界書局，頁244。）

考，中選者為進士。

5. 殿試。通過會試的進士方可參加，中選者成為翰林院成員。

6. 由皇帝親自主考的特科。應試者至少須具備舉人資格，中選者得授予官銜，進入吏部服職。

我們可以用簡單幾句話來描述一開始進入現代的中國教育：政府培養高等教育，並不是為了教育本身，而是出於某些特定目的。其中最大的目的，就是安定國家，而安定國家的工具，就是要擁有治事能力的官員。而教育就是培養這些官員的手段了。就理論上而言，大家都認定而且強調，教育是培養道德的手段。不過，一旦朝廷可以確定國家有數量充足且訓練有素的候選官員，那麼百姓的教育，就不再是政府施政的主要目標了。滿清政府對教育的態度，也反映在百姓身上。對很多人而言，教育的意義不過就是走上仕途前的準備工作。所以，對於那些不想做官當差的人，日常知識和工作訓練以外的一切教育都變得沒有必要了。舉國之內的教育機構，似乎也支持這種說法：在京城，大部分的學校都是為貴族與特權階層服務；在地方各省，學校不過徒有其名，頂多只是為了有前途的士子而存在。沒有任何一個教育機構，類似國營的公共學校系統，為百姓造福、傳遞知識。的確，我們或許可以說，當時的公共教育，幾乎全靠私人企業或公益慈善團體；而政府卻沾沾自喜，以功名、官職和其他公開表揚的方式，鼓勵私學，坐享其成。中國公共教育的狀況，在新的教育時代來臨之前，大概就是這樣子。

第四章　從傳統教育邁向現代教育的過渡時期
（西元1842年～西元1905年）

現代學校的肇基

　　中國現代學校起源於西元 1842 年，也就是中、英簽訂《南京條約》，中國開放五個通商口岸的那一年[1]。那些身兼現代教育運動開拓者的外國傳教士們，早就迫不及待地想尋得進入中國的機會。他們一進中國便急於設立學校，來作為傳播基督教信仰與知識的工具。這些傳教士建立的學校，招生的對象雖然不限於教友的小孩，不過，基督教徒子弟要想接受教育，又不想被非基督教徒的外界社會過度打擾，他們還是會選擇教會學校來就讀。因此，這些傳教士所成立的教會學校，與外界社會仍保持一定的距離。事實上，首批傳教士的辦學工作，就其規模與性質而言，完全無法和晚近幾年的相比。他們都是因應迫切的社會現況，在取得母國教會允許後，即刻來華設立學校，根本沒有完備的教育政策。況且這些學校所收的學生，多為社會低層家庭的孩子。在教會學校接受西方教育的學生人數不多，而且在他們畢業後幾乎沒有機會擔任政府公職。儘管有上述缺點以及其他的問題存在，然而我們必須承認，當時教會學校依然是傳授現代知識的唯一機構。正因如此，教會學校可以稱得上是中國第一批現代學校。

　　西元 1860 年批准的《天津條約》，成立了總理衙門，也就是外事處。政府一成立這個機構，馬上就需要有條約簽署國的語文翻譯與

---

1 【校訂按】西元1842年，即清宣宗道光二十二年。

書寫人才，以便繼續外交事宜。的確，在《天津條約》內有一條款載明，公文書信之往來，必須附上漢文譯本。此條款僅有三年期限，目的是要給中國政府培養好自己的翻譯人員。為滿足此一需求，西元1862年總理衙門建議政府，在北京設立學校，以訓練官方翻譯人員。這所學校，就是以前大家熟知的同文館[2]。這間學校雖然與總理衙門相連，卻由時任大清皇家海關總稅務司赫德爵士（Sir Robert Hart），來總理一切事務。西元1866年，同文館升級為學院，除了之前開設的外文課程外，還增編了科學學系。西元1868年，同文館請來馬丁・威廉博士（Dr. W. A. P. Martin）主講萬國公法。到了西元1869年，命其為首任總教習[3]。

京師同文館建立後不久，總理衙門又設立了兩所附屬學校，一間在上海，一間在廣東。因為京師同文館比較高等，提供的課程也比較進階，所以這兩所附屬學校會不定期送畢業生進入京師同文館來深造。為了因應時勢的需要，這些學校先後增設了英文、法文、俄語、日語等外國語文學系相關課程。

除了京師同文館及上海、廣州兩所附屬學校外，其他的幾間學習機構也相繼成立，接力成為現代學校制度的先驅。由於總督曾國藩希望中國能完全自立，不再倚靠外國工程師與機械師，因此在西元1867年，接受容閎的勸服，設立了附屬於上海江南製造局的兵工學堂，來傳授機械工程的理論與實務應用。同年，又在福州馬尾設立船政學堂，一為法語專門，主攻製造課程，另一為英語專門，專授駕駛

---

2 同文館於西元1903年和另一所名為譯學館的學校合併。

3 【校訂按】「總教習」為清末大學堂之學官名，通常職掌學堂教務，略相當於今之教務長。同治元年（1862）清廷設京師同文館，同治八年（1869）置總教習，延請美國人馬丁・威廉（William Alexander Parsons Martin）任之，此為總教習制之始。

課程。西元 1879 年，清政府於天津設立天津電報學堂。西元 1887 年，李鴻章計畫在天津設置大學，受到中國與歐洲人士的慷慨捐助，建造了恢弘的教學大樓。按照原訂計畫，本來要邀請丁家立博士（Dr. Charles D. Tenny）擔任校長，但不知何故，此一計畫戛然而止，直到中日戰爭後才恢復。西元 1890 年，江南水師學堂在南京成立，兩年後，湖北礦務局附設礦業學堂和工程學堂在武昌成立。又過了一年，西元 1893 年，天津設立軍醫學堂。此外，湖廣總督張之洞也企圖將西方教育引進武昌，進行改革。農業、語言、機械、採礦與軍事科學等各類學堂紛紛成立，還邀聘了來自美國、比利時、英國、德國和俄國的教授。

考試制度現代化的初期嘗試

就在此時，政府也嘗試改革歷史悠久的考試制度。早在西元 1869 年，閩浙總督奏請朝廷，要求參加功名科舉考試的應試者應該要具備算學的知識。西元 1875 年，直隸總督李鴻章也上呈內容相似的奏摺，提議將算學與物理加入科舉考試的範圍。然而，因當時改革的時機尚未成熟，朝廷並未批准這些奏摺。雖然中央政府對於改革考試制度如此興趣缺缺，但這段時間以來，新學卻越發受到國內進步派文人的歡迎。就在西元 1887 年，亦即中法戰爭結束後兩年，中國政府終於確信改革教育制度，勢在必行，於是下詔將算學與科學列為政府考試的科目。就這樣，現代科學與古典知識在中國歷史上第一次被擺在相同的位置上。官方認定科學和語文同樣重要時，等於昭告了現實主義終將戰勝人文主義。中國政府對科學教育的認可，之所以值得注意是因為，拿來與有類似經歷的現代國家相比，中國開智較早。例

如：德、法兩國分別要等到西元1901年、1902年，經過改革計畫後才認可科學教育的重要性。然而，由於主持科舉考試的大學士們對於新科目並不熟悉，因此，單就修正刻板的傳統考試制度方面，成效有限。即便如此，這向著改革踏出的第一步，在中國教育史上極具意義，而且無比重要。當時有人評論考試制度的改革，寫道：「此一考試變更，譬若以斧鑿發硎於考試制度中間，而後使保守思想漸顯分裂，彼莘莘學子得理想之自由，同歸於進步與改良之一途焉。」

派到西方國家的教育使團

這個時期派遣海外留學的教育使團，在中國現代教育的發展過程中有著舉足輕重的作用，意義相當重大。其中一個派遣使團，是由已故的耶魯學院畢業生容閎博士所促成[4]。西元1868年，容閎向朝廷高官獻策，選派留學生到美國接受完整的公職訓練。為了試辦派遣留學，他們選拔出120名學生，分成四批，每年派30人前往美國留學。這些學生平均年齡落在十二歲至十四歲之間，必須在十五年的期限內完成學業。如果第一年和第二年的試辦成功，這項計畫就無限期地繼續實施。學生派赴美國求學期間，政府會提供中文教師以學習中文，以免留學生中文程度落後太多。在計畫期間，政府任命兩位欽差照管留學生的一切，同時提撥上海海關收益來支付相關費用。西元1870

---

[4] 容閎，《西學東漸記》（*My Life in China and America*）。【校訂按】容閎（Yung Wing）是中國近代史上首位留學美國的學生，被稱作中國留學生的先驅。《西學東漸記》此書原用英文寫作，題為 My Life in China and America，於1909年在美國出版。中文版由惲鐵樵、徐鳳石等人翻譯，《容純甫先生自述：西學東漸記》，上海商務印書館，1915年出版。

年，天津教案[5]發生後，朝廷在曾國藩、丁日昌以及其他大臣的大力倡導下，批准了這個試辦計畫，同時指派容閎與翰林院成員陳蘭彬，總理教育使團的事務。西元1871年，政府在上海建立留學預備學堂，由擔任曾國藩幕僚多年的劉開成負責督導。西元1872年夏末，第一批30名學生被送往美國，而最末一批的學生，也在西元1875年入秋之前抵達美國。這些青少年留學生被分成兩人或四人一組，由新英格蘭地區的當地家庭照料教導，直到他們有能力插班就讀美國學校。過了一段時間，留學生們幾乎沒有例外的，都能證明自己有能力可以主動完成交辦的課業任務。同時，隨著英文能力變好，他們的表現甚至超前原本班上最聰明的美國同學。曾國藩死後，承繼事務的李鴻章接受當時的派遣使團建議，批准他們在康乃狄克州的哈特福特，設立永久總部。於是，西元1874年一座宏偉的總部辦事大樓，壯闊落成，而相關執事人員於隔年年初正式進駐。

這項派遣計畫，雖然有了順當穩妥的開始，卻持續不久，讓當時的有識之士大失所望。西元1876年，這項教育大業的景況，交到時任留學使團監督的吳子登手中就起了變化。此人一上任，便開始向中國政府傳報假消息，說留學生們的學問與品德出了問題，而教育使團的營運也有麻煩。這些不實的報告，持續了一段時間，直到一位朝廷反動派陣營的審議委員，利用當時美國有強烈反華情結為由，上奏朝廷促使廢止派遣留學計畫，並召回所有留學生。這封奏摺，好比此教育志業的喪鐘，在西元1881年政府正式結束了派遣使團的計畫，赴

---

5 【校訂按】「天津教案」是近代歷史上中國人反對西方宗教而發生衝突的典型事件。在鴉片戰爭後，大批的傳教士進入中國，傳播西洋宗教及文化，保守的中國民眾無法接受，因此在各地激起許多反洋教鬥爭活動。1870年，時當清同治九年，在天津的法國天主教望海樓教堂發生了嚴重的流血衝突事件，稱為「天津教案」。當年曾國藩奉詔前往處理，在容閎建議下，開啟了後續的「留學教育計畫」。

美的一百名學生，也遭全數召回。慫恿政府在學生學業將成之際，將他們全數召回的真正動機，與這些年輕學子在重返母國國土時遭到的屈辱，成就了中國現代教育史上耐人尋味的一章。

另一項福州船政局承攬的教育志業，雖然知名度較低，但仍然很重要。西元1876年，福州船政局派遣46名學生出國學習造船與航海。雖然這些學生歸國時，並沒有受到他們應得的熱烈歡迎，但比起赴美學習公職的學生，他們的運氣比較好。然而我們不該視這些派遣學生出國的計畫為失敗之作，因為在數年之後，這些留學先鋒中，有越來越多人在推動中國的進步與改革方面，發揮了影響力。事實上，他們有不少人登上要職，成就優異，足以證明當初國家對他們的努力栽培，並沒有白費。這也因此進一步證明了，時至今日，擴大規模且持續進行的教育實驗，是合理必要的。

中日戰爭對於教育改革的影響

中日甲午戰爭（西元1894年～西元1895年），以及所有隨之而來的外強侵略，雖然造成了中國的慘重損失，喪辱國家尊嚴，但這些事件也為中國推動的教育改革帶來新的動力。很多人終於明白，中國要能鞏固國家基礎就需要進一步的教育改革。這個信念在當時非常盛行，許多知識分子即便年事已高，也透過各種方法去追求西學。有人去教會學校和學院上課、有人聘請家教、有人組織教育改革會、也有人閱讀當時現有的西方書籍譯本，利用各種方法來求取新知。當時光緒皇帝對於西方科學與知識也深感興趣，因此下令身邊太監，把所有能蒐羅到的西學譯本都找回宮中。在民間，百姓對新學知識的需求極大，到了西元1896年所有教授西方語言和科學的學校，學生人數都

爆滿。就連沒有經驗的年輕學生也發現，要想找個容易賺錢的西學私家教師工作非常容易。在這波西學的熱潮之中，中國成立了幾所重要的教育機構。其中兩所學校，特別值得注意：其一為建立於天津的大學，現名為北洋大學。這所學校真正的起源，最早可以溯及西元1887年。不過，等它靠著電報局、輪船招商局，以及海關監督公署（或稱道台衙門）的經費完成建置，已經是中日戰爭之後的事了。另一所重要的教育機構，是西元1897年在盛宣懷的呈奏提議下，成立於上海的南洋公學。這兩所教育機構，自創建以來，雖然學校性質有變，不過它們都經歷了過去十五年來席捲中國的政治風暴。時至今日，也都成為中國最好的高等教育學府之一。

張之洞的著作與他的教育改革倡議

中日戰爭後不久，湖廣總督張之洞出版了一本流行甚廣的書，類似中國古代《勸學篇》的專著[6]。在這本專著中，張總督倡議各省、道、府、州縣應該建立現代學堂。他勾勒了理想的學校體系如下：在各省省會和北京設立大學堂（即大學），道、府設立中學堂（即學院），州、縣設立小學堂（即高中）。所有學校都採以階層制系統，較低階的學校與較高階的學校彼此協調合作。小學堂的課程規劃計有《四書》、中國地理、中國歷史（簡史）、算術、幾何學、基礎科學；中學堂則有《五經》、《通鑑》（歷史）、政治學、外國語言與

---

6 Samuel I. Woodbridge將此書翻譯成英文版，書名為 *China's Only Hope*。【校訂按】1898
年張之洞撰《勸學篇》，其〈序〉云：「世運之明晦，人才之盛衰，其表在政，其裡
在學。」他認為教育首先要傳授中國傳統的經史之學，這是一切學問的基礎，要放在
優先地位，然後再去學習西學中有用的部分，即所謂「中學為體，西學為用」。今收
錄於《百部叢書集成之十八》，臺北：藝文印書館，1970年。

文學；大學堂的課程，也依照這樣的規劃安排，但安排更進階的內容。要具體執行此一計畫，他建議一個作法就是把佛道教的寺廟僧院改成學校，然後將寺院的土地和營收充作教育之用。這位有勇有謀的總督還鼓吹政府，一定要廢除科舉考試中的「八股文」[7]。在經學之外，再加入歷史、地理、中國政治這類的實用科目，以新學作為學術考試內容。

這本《勸學篇》出自於理論與實務經驗都具影響力的名家筆下，探討的議題又是如此生動而令人振奮，自然受到不少注目。於是，皇上詔諭將此書交由軍機處，轉發給各省督撫以及學政，希望地方各省可以印製出版，廣為流傳。結果，此書橫掃全國，讀書人對其倡議的改革內容殷切嚮往，不消多時，書本已發行數百萬冊。就這樣，一場四海之內的思想覺醒，逐漸在人民心中萌芽，百姓們已準備好迎接比之前更劇烈、更激進的改革手段。

1898年的百日維新及戊戌政變

西元1898年，是中國歷史上令人難忘的一年。這一年，康有為、梁啟超等革新派成員，支持著年輕且亟思改革的光緒皇帝，頒布一連串的諭令，其中部分改革的徹底程度，為中國歷史前所未聞[8]。這些改革包括了建立現代學校制度、廢除科舉考試中的「八股文」、引進簡短實用的時事策論寫作，以及派遣滿族青年出國留學等。連同

---

7 「八股文」命名之由，是因為這類文章以人為刻意的方式分為八個段落。文章風格造作，四字一句或六字一句交替出現，這些四言與六言組成的十字駢文，必須相對成文，排比對偶。

8 光緒皇帝變法詔令，西元1898年。翻載自《字林西報》。

其他涉及武舉制度的改革、鼓勵翻譯外國書籍，以及報館的設置。種種新制，真切地撼動了中國內外。一時間，這場維新變法運動，推展至全國，深入各省，感動偉哉中國的心靈。

不幸的是，因應維新運動的大肆推行，另一場同樣劇烈而激進的反改革運動隨之而起，最後反改革派甚至得勢而掌控全局。在維新運動背後有一小群竭心盡力的成員，由於他們的過分迫切，導致了一場出師未捷身先死的行動。這些人密謀逮捕並幽禁慈禧太后，不料風聲走漏，太后出奇招加以反制，囚禁了光緒皇帝，並斬首所有的密謀者。最後只有幾位改革派成員成功脫逃。因此，先前所有改革的願景消失於朝廷籌謀策略之中。改革希望未竟，政令遭致廢除，舊政權重新復辟。朝廷查禁報館，擱置各府州縣的辦學計畫，撤銷改建寺廟禪院為學校的作法，恢復科舉考試的八股文和武舉考試舊制規則。當年所有教育革新的規劃，就只有京師大學堂捱過了這場反動風暴。

義和團事件與日俄戰爭對現代教育發展的影響

前面所談的教育政策開倒車的現象，要到西元1900年義和團事件爆發之後，情況才有所改變。在那些充滿怒火和暴動的日子裡，中國北方所有學校與學堂都暫時關閉，連同北洋大學在內的某些學校，甚至慘遭摧毀。所幸當時南方各省督撫，拒絕加入這場運動，所以暴亂僅侷限於北方地區。否則，南方地區的學校，也將脫離不了這個厄運浩劫。話說回來，雖然這場政治暴動在短期間扼殺了新式教育的推展，但是它的最終影響卻有助於教育改革。當時受挫的中國政府，在平亂之後，重新採納教育改革的計畫，而付出代價且學到教訓的慈禧太后，也開始提倡不久前她才極力抗拒的改革措施。她不僅重新頒布

多項光緒皇帝的諭令，在推動其中幾個政策時，甚至要求更大更廣的實施規模。從此以後，新式教育的發展便突飛猛進，一日千里。

義和團事件的直接結果之一，就是設立了由海司博士（Dr. W. M. Hayes）擔任校長的山東高等學堂，以及由李提摩太博士（Dr. Timothy Richard）擔任校長的山西大學堂。山西大學堂的背景故事很特殊：義和團事件期間，有一些傳教士在山西慘遭殺害。暴動結束之後，各國政府要求中國賠償損壞的建築與不幸犧牲的傳教士。但是，某些傳教士卻斷然拒絕任何的賠償。這些人受到早期基督教會的精神感召，不願意接受為信仰而犧牲所換得的金錢。傳教士們要脅絕不讓步，雙方僵持不下。西方列強堅持要求賠償，卻不知該如何進行賠償撫卹。當時負責協商此事的中國執事人員找上了李提摩太博士。中國政府有信心，認為出身新教徒傳教士的李提摩太博士可以協助他們調停僵局。於是，李提摩太博士提案，以賠償傳教士的撫恤金，在山西設立一所大學堂作為紀念。這個建議立刻得到各方的同意。山西大學堂就是在這個特殊的條件下設立的。根據協商條件，山西大學堂雖然隸屬於中國政府，但李提摩太博士對學堂的西學教育有至少十年的主導權。十年後，山西大學堂才變回中國政府管理的普通大學[9]。

在中國這一連串令人期待的改革承諾之間，日俄戰爭出人意料地爆發[10]。清廷認為日本國戰勝的重要因素，西方教育功不可沒。這使得中國為之一振，更加堅定了全國上下實踐改革政策的決心。當時流行的口號是，透過類似的改革和手段，日本能做的，中國也能。的

---

9 Gascoyne-Cecil, *Changing China*, pp. 274-275.

10【校訂按】日俄戰爭，發生於1904年2月8日～1905年9月5日，是日本和俄國為爭奪在朝鮮半島和中國東北地區影響力的戰爭。最終日本取得勝利。戰爭結果改變了東亞的勢力平衡，日本得以晉升世界舞台。

確，當時許多中國人震懾於日本人的本事，願意屈膝於這個昔日前來求教的學生跟前，反過來向他們學習成功的秘訣。一時之間，大量中國學生湧入這個島嶼帝國，而東京對當時的中國人而言，就是西學的聖地。據統計，在日本留學的中國學生人數曾多達15,000人。幾年之後，這些從日本歸國的學生遍布中國各處，積極參與進步與改革事業。至於那些留在日本的中國學生，則投注大量時間編輯雜誌，翻譯書籍。因此，為數可觀的書刊源源不絕地運回祖國，深入大清帝國的各個角落。這些作品出自深受西學影響的愛國青年之手，語調自然難免激昂，解讀手法當然煽情。不過，在那些需要非常手段才能喚醒的人們身上，這樣的作品就能起得了作用。

政府對現代學校畢業生的認可

教育改革另一項重要且深具遠見的措施，就是政府採納了袁世凱的建議，仿效科舉考試的功名，頒給現代學校畢業生某種官方認可的學位。在多事之秋的西元1901年，朝廷於12月5日頒布了一道諭令，認可新式教育的學歷[11]。該諭令內容大致如下：小學堂之畢業生，前途看好且能力優異者，送入中學堂完成深造；中學堂之畢業生，資賦能力優異者，經選拔送入學生本籍省分之大學堂繼續深造。大學堂畢業合格者稱為「優等生」，再送交該省督撫學政考核。當中最有前途之優等生，得送往北京參加京師大學堂複試，合格者下旨賜

---

11 H. E. King, *The Educational System of China as Recently Reconstructed*, p. 32. 和 R. E. Lewis, *The Educational Conquest of the Far East*, p. 181. 【校訂按】相關內容參見璩鑫圭等編《中國近代教育史資料匯編‧學制演變‧尊旨核議學堂選舉鼓勵章程折》，上海教育出版社，頁36-37。

予舉人或貢生之學位。得到貢生者，得繼續學習，再參加下一場複試以求取舉人功名。得到舉人者，得繼續參加京師大學堂另一場更嚴格的考試。當中最有前途者，得接受推薦到禮部。由禮部上奏皇上，要求請派朝廷大臣主持特考，再將等第結果呈交皇上，最終由皇上定奪哪些學生可獲得進士的頭銜。獲進士學位者，再參加殿試。通過者得獲皇上召見，由皇上欽定為翰林院學士、內閣大學士，或是六部尚書。

傳統學校現代化的創新作法

　　教育改革的其中一項工作是傳統學校現代化的嘗試。以下是一個著名的例子：西元1901年，時任翰林院掌院學士的孫家鼐[12]，向皇上呈奏，認為翰林院學士也應該研讀相關書籍，以備日後進入外交、領事或其他公職部門，而不是鎮日寫詩為賦，忙著無用於時代需求的瑣事。他建議朝廷應該要求翰林院學士，致力研究政治學通則、算學、化學，抑或其他可能想學的科目。該奏摺更進一步建議對有意願前往北洋大學或南洋公學修習課程的翰林院生員，朝廷應該予以批准。皇上准奏後，授命孫家鼐起草一份翰林院成員修讀科目清單。西元1902年，朝廷下令要求翰林院生員勤修古今歷史、政治和西學等，以著眼於日後任職之準備。並且授命翰林院掌院大學士，每隔五個月考察一次生員的學習進度，並將其結果彙報給朝廷。

12【校訂按】孫家鼐，清末大學士。《清史稿》有傳。據查《清史稿‧列傳二百三十》：「孫家鼐，字燮臣，安徽壽州人。咸豐九年一甲一名進士，授修撰。歷侍讀，入直上書房。……（光緒）二十六年，乘輿西狩，召赴行在，起禮部尚書。」故知，光緒二十六年（1900年）孫家鼐被啟用為「禮部尚書」，而非英文原版所署「翰林院掌院學士」。

鼓勵留學的新條款

就在此時，政府擴大規模恢復派遣留學生的實驗計畫。西元1901年，慈禧太后命令駐外使臣，搜尋在外留學期間展現特殊才能者、以優異成績畢業者，或學有專精取得文憑者，將其送回中國參加考試。政府得依照這些人的考試成績，頒予功名。同一年，朝廷隨即發布諭旨，命令全國各省督撫效法兩江總督劉坤一、湖廣總督張之洞和四川總督奎俊，派遣有讀書潛力的年輕人到海外，修讀最能符合他們能力與興趣的一門西方科學或技術，以便日後回國可以將所學碩果累累的知識貢獻於國家。這道諭令中列有專門條款，載明歸國學生的官方功名認可辦法和留學生的經費補助。歸國的海外留學生，凡取得文憑足以證明自己完成學業者，得至本籍所在之省督撫學政處，查核應試。應試通過者，可獲薦舉，赴外務部就職。學生在國外留學之經費，由本籍省府支付。至於，想自費留學的學生，得請其本籍所在之省督撫，出具公文給留學國的中國派外使臣，請求中國使臣於留學期間提供照料與協助。如果自費生有意願服任公職，得享有與公費生同等之特許。一旦通過規定的考試，政府也會頒布適切的功名學位。

上述幾道諭令發布後不久，張之洞、張百熙、榮慶聯名向朝廷呈上一本重要奏書，宣稱派送少不經事的年輕學生出國留學，成效不算周全。他們建議朝廷改派翰林院成員與皇子王爺等年紀較長且教育程度較好的人。如此一來，國家可以從他們留洋經驗與學問中獲益更多。他們還提出鼓勵辦法，以待在國外的時間長短為準，給予獎賞：舉凡在國外待三年以上者，頒一等獎；在歐美待兩年以上者，頒二等獎；到日本遊歷一年以上者，頒三等獎。除了這些獎賞外，所有官員到國外遊歷期間仍可支薪。外派官員出國遊歷的目的，在於考察各國

治國方法，尤其是外交政策、陸軍和海軍的軍制及教育制度等。政府還要求出國遊歷的官員，記下他們的觀察心得，回國後呈交朝廷審核；心得筆記有所價值者，可獲獎賞。

西元1905年，另一道與派遣學生放洋留學相關的諭令，進一步說明了清政府如何看待留學生所受的海外教育。在這道諭令裡，皇上對各省督撫遵奉上諭，派遣學生出國留學一事，表達欣慰之意。同時，由於留日學生為數眾多，建議各省多派學生負笈歐美各國。對於那些為求實學以報母國，願意遠涉重洋的學生，朝廷致上最高的讚譽。而且朝廷還要求派駐歐美各國的使臣們，必須特別照顧他們負責的留學生，視其如己出，待之如親屬。此外，朝廷也一併要求這些使臣，確保留學生謹守生活紀律，勤奮讀書。萬一學生生病或缺錢讀書，使臣要給予金錢或其他必要的協助。諭旨文末，一方面告誡政府官員，為了母國的進步，不應輕忽留學生，而應傾力協助皇上培養有能力之人才；另一方面提醒留學生，鼓勵身負重大使命的他們，選擇自己最適合的學科研讀，返國後才能擔負重責大任。

第一套現代學校制度

要建立一套全國的現代學校制度，清政府可說是嚴肅以待。西元1901年，朝廷下詔要求各省參照京師大學堂，將所有省城書院改成大學堂或高等學堂，在各府、廳、直隸州均設中學堂，在各州縣均設小學堂（高等小學），同時在全國各地設初等小學。所有課程規劃應當包含中國典籍、歷史、政治與西方科學。西元1903年，朝廷任命張百熙、張之洞與榮慶組織委員會，起草全國公共學校系統的詳細計畫。委員會要提交的計畫內容，包含學科領域與課程規劃的辦法、學

校建置方式的建議等，洋洋灑灑，共四冊。朝廷批准後，這套《奏定學堂章程》便成為全國教育變革的官方授權計畫。

《奏定學堂章程》所提之教育系統如下頁圖所示。

1. 蒙養園[13]

蒙養園專為照顧並教育三至七歲兒童而設。設置於各地的育嬰堂（孤兒院）與敬節堂（貞潔寡婦之家）內，或就以上二堂附近設置。兒童每日在院時間不得超過四小時。免學費。

2. 初等小學堂

初等小學堂的宗旨是教授七歲以上兒童生活所必需的知識，培養道德與愛國心的基礎，增進身體健康。政府應建立模範小學堂，小縣城至少兩所，大縣城內至少三所，大一點的村鎮也至少設一所。初等小學堂課程規劃包含以下八個科目：倫理道德、中國古籍經典、中國語文、算學、歷史、地理、自然科學、體能培育。除此之外，得外加畫畫、勞作與音樂等科目。修業期為五年，每星期教師講課時數以30小時為上限，其中有12小時上的是中國古籍經典課程。公立初等小學堂不收學費。

3. 高等小學堂

高等小學堂的宗旨是培養年輕國民的道德，增進其知識，強健其體魄。城市、縣城和村鎮都應建立高等小學堂。這些行政區至少該設立一所官辦高等小學堂。 高等小學堂招收初等小學堂的畢業生，以及年齡未滿十五歲且具備同等能力的人。高等小學堂課程規劃包含以下九個科目：倫理道德、中國古籍經典、中國語文、算術、歷史、地理、自然科學、畫畫、體能培育。除此，得外加工藝、農業、商業等

---

13 即今日之幼稚園、幼兒園、托兒所。

首部教育制度體系

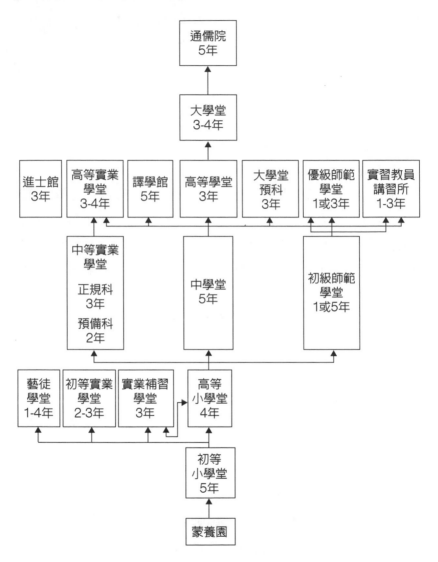

注：實業補習學堂也接受那些已在各行各業工作的人。

科目。修業期為四年，每星期教師講課36小時，其中有12小時上的是中國古籍經典課程。官設高等小學堂收取學費，收費標準得視各地條件與居民經濟能力而訂定。

4. 中學堂

中學堂與美國的高中非常類似。其宗旨是提供年齡介於十五歲至十八歲的孩子更進階的通才教育，方便他們畢業後入仕、就業，或進入各類更高等的教育機構。中學堂學生應限收高等小學堂畢業生，但如果小學堂畢業生申請者過多，然中學堂招生缺額不足，則須以考試淘汰資格不符者。中學堂得視各地條件，收取學費。中學堂修業期為五年，課程規劃包含以下十二個科目：倫理道德、中國古籍經典、中國文學、外國語文、歷史、地理、算學、生物、物理及化學、公民及經濟、畫畫、體能培育。每星期教師講課36小時，授課內容仍以古籍經典與中國文學為重，在修業前兩年間每週佔13小時，第三年追加到每週14小時，到了第四、五年則減為每週12小時。

5. 高等學堂或省學堂

高等學堂相當於德國的大學預科班（gymnasium），也可比法國的國立高等學校（lycee），或是美國專校的第一年。其宗旨是為學生做好進入大學各學院就讀的準備。這類學校應於各省省城設置一所，由其所在之省分管理。高等學堂招收中學堂畢業生，須收取學費。修業期間共三年，每星期有36小時的課程。高等學堂的課程分為三類：第一類課程專為進入經學、政法、文學與商科等大學學院的人準備；第二類課程專為進入理科、農科、工科等大學學院的人準備；第三類課程專為進入醫科大學學院的人準備。高等學堂的課程規劃非常重視現代語言，其目的在於讓學生能輕鬆閱讀外文書籍。

6. 大學堂

大學堂應設立於北京以及各省，招收高等學堂畢業生，收取學費。大學堂該有以下八個學院：（1）經學；（2）政法；（3）文科；（4）醫科；（5）理科；（6）農科；（7）工科；（8）商科。除了政法學院的兩個並行學程與醫學院的醫學學程修業期為四年之外，所有學院修業期皆為三年。經學院有十一門學程，每一學程每星期授課時數為4小時。政法學院分為政治、法律兩門學程，每門學程每星期授課時數為24小時。文學院有九門學程，每一門學程一週授課時數為24小時。醫學院概分為醫學、藥學兩門學程。理學院有六門學程：算學、天文學、物理學、化學、動物學與植物學、地質學。農學院分為四個學程：農學、農藝化學、林學、獸醫學。工學院分為下列九門學程：建築學、機械工程學、造船學、兵器學、電機工程學、土木工程學、化學工程學、爆破工程學、採礦及冶金學。商學院分為三門學程：銀行及保險學、交通貿易學、國稅與關稅學。不同學程的授課時數彼此差異很大。

　　7. 通儒院

　　通儒院為學術研究單位，招收大學堂各學院畢業生以及其他通過入學考試的申請者。修業期為五年，其中兩年必須在校學習。所有學生都必須完成體現其研究成果的專題論文，核准後才能畢業。

　　8. 師範學校

　　師範學校分為三類：優級師範學堂、初級師範學堂、實業教員講習所。除非學生選擇自費就讀，否則按照規定，師範學校學生的各種費用，由當地政府支應。

　　9. 初級師範學堂

　　初級師範學堂的宗旨為培訓初等及高等小學堂的教師。每縣至少必須設有一所能容納150名學生以上的初級師範學堂，而每座省城應

設一所能容納300名學生的初級師範學堂。如遇特殊情況，兩、三個縣得以合設一所初級師範學堂，不過學校容量就得為300名學生，而不是150名。初級師範學堂的課程規劃共有十二個科目：倫理道德、中國古籍經典、中國文學、教育學、歷史、地理、算學、自然科學、物理及化學、習字、畫畫、體能培育。初級師範分為正科學程與簡易科學程。正科學程修業期五年，每年上課44個星期，每星期上課36小時；簡易科學程只有急需教師的時候才招收，修業期一年，每星期上課36小時。

10. 優級師範學堂

優級師範學堂的宗旨為培訓初級師範學堂及中學堂之教師與行政人員。規劃於各省城設置一所至少能容納248名學生的優級師範學堂。優級師範學堂的課程規劃為三類：公共科、分類科、加習科。公共科為必修，修業期一年，每星期上課36小時，共含有八門科目：倫理道德、中國古籍經典、中國文學、日本語、英語、邏輯學、算學、體能培育。分類科再分為四類學程，修業期皆為三年，每星期上課36小時。這些分類科學程專為培訓特殊科目教師而設，介紹如下：第一類學程側重中國文學和外國語文；第二類學程側重地理和歷史；第三類學程側重算學、物理與化學；第四類學程側重植物學、動物學、礦物學和生理學。分類科的四類學程，都有以下四門共同必修科目：倫理道德、經典、教育學、心理學和體能培育。加習科開設十門課，所有學生必須從中選修五門。學生修完所有課程後，須要撰寫論文。加習科修業期為一年，至於授課時數則由學堂教職員斟酌訂定。

11. 實業教員講習所

實業教員講習所的宗旨為培訓各實業學堂及藝徒學堂的教員。招

收中學堂或初級師範學堂畢業生的實業教員講習所，分為農業、商業、機械三種，通常附設在高等實業學堂或中等實業學堂內，或可獨立設置。尤其在沒有高等實業學堂或中等實業學堂的省分，應獨立設置實業教員講習所。

實業教員講習所的農業部和商業部之修業期為兩年，而機械部則另分為修業期三年的完全科，以及修業期一年的簡易科。農業部開設二十三種專業學程，而商業部開設十五種專業學程。至於機械部的完全科及簡易科，開設六種專業平行學程。完全科的六種專業平行學程，修業期為三年，得修十四到十九門不等的科目；簡易科的六種專業平行學程，修業期為一年，得修八到十一門不等的科目。這些科目，有些為必修，有些為選修，依照學生所選之專業學程而定。

12. 實業學堂

實業學堂體系包括下列機構：藝徒學堂、初等實業學堂、實業補習普通學堂、中等實業學堂、高等實業學堂。高等實業學堂招收中學堂畢業生；中等實業學堂招收高等小學堂畢業生；初等實業學堂招收初等小學畢業生。實業補習學堂則招收已在高等小學堂就讀兩年，或已在業界工作而希望增進專業知識的人。至於藝徒學堂，招收對象為初等小學堂畢業生。所有實業學堂學生都須通過入學考試。各實業學堂之學費收取，以學堂所在地之經濟環境條件而定。初等實業學堂的修業期為二至三年不等；中等實業學堂的修業期分為預備科二年、正規科三年。高等實業學堂修業期為預備科一年，而正規科三年或四年。實業補習學堂修業期為三年。至於藝徒學堂，因為完成不同專門課程所需的時間迥異，所以修業期從六個月到四年不等。

13. 特殊學校

除了上述各類學校之外，也開設兩種特殊學校，即譯學館和進士

館。譯學館旨在培養翻譯人才，招收中學堂畢業生，學習年限為五年，每週上課36小時。譯學館教授英語、法語、俄語、德語和日本語五種語言，每位學生必須主修一項語言專業。進士館是為了進士與翰林這兩種舊制科舉制度出身的人而設的，旨在提供修習西學的機會，希望透過必要的通才教育洗禮，能有助其勝任官職。進士館提供十一門課程，每星期上課共計4小時，修業期為三年。

廢除科舉制度

實施教育改革的這些年以來，慈禧太后與其黨羽一直都沒忘記科舉制度的改善問題。西元1901年，朝廷第二次宣布在文科的科舉考試中廢除「八股文」，改以簡明務實的時論替代，同時，也再次廢除武舉制度。我們發現，這些改革手段無論當時看起來有多麼激進，但很快就顯得改革力道不足。因為事實證明，只要科舉制度尚存，人們仍舊不會重視現代知識，學生做學問只會繼續走老路。雖然政府鼓勵現代教育已有一段時間，但是成立的現代學校很少，而且有能力贊助現代學校的人仍持保留態度。教育改革的領導者們堅信，要給現代教育制度一個公平的發展機會，就非得廢除舊有的科舉制度不可。不過，如果沒有預先公告，就斷然廢除已經成為中國骨脈的科舉制度，即便對於最激進的改革人士來說，這種作法也過於冒險。西元1903年[14]，三位偉大的中國政治家張之洞、張百熙、榮慶聯合上奏，擬定

---

[14] 英文原版標為西元1903年。2007年福建教育出版社譯本與1916年、2014年商務印書館版譯本，均更譯作「1904年」。然科舉制度的廢除並非一蹴可幾，1903年張之洞與袁世凱上〈奏請遞減科舉折〉云：「鑒於科學之危害，關係尤重，今不能驟廢，亦當酌量變通，採分遞減之法。」（參見清‧沈桐生，《光緒政要‧卷29》，頁1825-1830。）同年十一月張之洞、張百熙、榮慶聯上《奏定學堂章程》時，又上〈奏請遞

一份逐步廢除科舉制度的詳細計畫。在這份奏摺中顯示，他們相信各省督撫若能培植並且督管政府所規劃的現代學校系統，不消十年，現代學堂就能培育出足夠的青年才俊來為國服務。但是，國家要能坐收此成果，必須先讓世人知道，科舉考試制度即將逐步廢除。只不過關切教育改革進展的人，還是覺得這項逐步廢除科舉制度的計畫進程過慢。到了西元1905年，袁世凱等人再次上奏朝廷，認為夏商周三代的公職人員，皆從公共學校中選拔而來，那麼廢除科舉考試，便是遵循傳統，而不是違背傳統。該奏摺還指出，日本與西方各國的富強，皆奠基於他們的學校教育，處於危難之際的中國，正迫切需要現代教育的專才。他們認為除非立即廢除舊制科舉考試，不然無法說服百姓進入新式學堂來就讀。如果中國想見到現代知識普及化，就得先斷了為科舉考試而讀書的老路。政治經驗極為豐富的袁世凱，為新式教育來請命，顯然極具效力。因為西元1905年，朝廷頒布諭旨，即刻廢除與中國歷史一樣悠久的科舉考試制度。隨著科舉考試制度廢除，由傳統教育過渡到現代教育的使命，終告完成。

減科舉注重學堂片〉，再次奏請試辦遞減科舉之建議。逐步廢除科舉之議，從1903年到1904年建議之聲不絕。本譯本忠於英文原版與部分史實，仍譯作1903年。惟2014年商務印書館版譯者儲朝暉加注說明，以奏摺遞交時間為1904年初，遂更動譯文為1904年，推測應為陽曆、陰曆換算產生的誤差。

第五章　現代教育制度的建立[1]
（西元1905年～西元1911年）

西元1903年頒布的《奏定學堂章程》概述了一套現代教育制度，不過此一制度真正執行的時間並不長，從西元1905年到西元1911年清朝滅亡為止，只有短短數年而已。中國在各個方面都要重新調整，不僅要處理廢除舊制後的教育機構，還得因應快速的政治與社會變化。同時，這場引進現代知識的運動，見證了中國前所未有的快速拓展與成長。在這多變的年代中，中國歷經了不同的新式教育制度發展時期，光是相關的奏章、詔告、還有法規，至少就可以彙集成12大卷。受限於本論文的篇幅，仔細探究各項相關問題會佔去過多的比例，不過我們還是有必要去追溯現代教育制度建立的主要進程，以理解新民國致力發展的整編工作。

設立學部

清朝政府建立新式教育制度的第一步，是下令創立學部[2]。西元1905年12月，政務處與學務處聯合上奏，建請清政府設立一個專責監管新式教育制度，同時推廣新式教育運動的機構——學部於焉誕生。新設的學部，其地位高於一直以來負責教育事宜的禮部。這份

---

1 本章資料主要參考《大清教育法令》。

2 清政府於1905年設立學部（相當於現在教育部），訂定許多教育法規，包括教育行政、學校制度、招生考試、學位認定、畢業獎勵、海外留學、教師培育等等。可說是確立了現代教育制度在中國的地位，也為後來的新式教育奠定了基礎。

詔令除了建立學部，也將古稱「成均」的國立大學國子監併入學部，並且命軍機、政務大臣榮慶[3]擔任第一任學部尚書。當時，包含學部，國家共有十一個重要的行政部門，即：外務部、吏部、民政部、度支部、禮部、兵部、刑部、農工商部、理藩部、學部和郵傳部。

　　根據西元1906年朝廷核准的規制，學部組織如下[4]：設尚書一人，左右侍郎各一人，左右丞各一人，左右參議各一人，參事官四人。學部之下分設五司辦事員，協理官員，這五個司包括總務司、專門（技術）司、普通司、實業司和會計司。五個司中有三個司底下設有三個科，另外兩個司底下則設有兩個科。各司分別由一位郎中主理，至於各科則為一位員外郎，與一兩位主事人員負責管理。同時，另訂條文，規定學部設置視學官、諮議官數人，分為四個等級。此外，設立負責教材籌備與出版的編譯圖書局，歸併於學部的國子監，其工作業務也另設人員接管。組織如上所述的學部，負責法規編定、任命視學官（計12人）、有權撤銷不稱職之教育官員職務、還能提名省級教育官人選。簡言之，對於國內所有教育事務，除了直屬於地方管轄或中央附屬機構的特殊狀況外，學部有絕對的主控權[5]。

---

3 【校訂按】榮慶，清末軍機大臣，參與新政。蒙古正黃旗人。光緒年間，曾任翰林院庶吉士。後授翰林院編修。光緒二十九年（1903年）拜軍機大臣、政務大臣。三十一年（1905年），改學部尚書。英文原版中介紹榮慶擔任職務疑有誤，今依史實改譯為「軍機、政務大臣」。

4 【校訂按】《清史稿·卷119·志94·職官六》：「學部，學務大臣、副大臣，各一人。左、右丞，左、右參議，各一人。參事廳參事四人。司務廳司務二人。總務、專門、普通、實業、會計五司，郎中各二人，員外郎十五人，主事十有八人。一等書記官十有一人，二等十有七人，三等十有五人。（《清史稿》，臺北：洪氏出版社，第六冊，頁3455。）

5 這裡指的中央政府附屬機構及其教育執掌如下：京師督學局掌管京城內所設的師範學堂、中學堂和小學堂。外務部對於清華學堂有部分管轄權，這所預備學堂是用美國政府退還的庚子賠款盈餘創建而成的。兵部負責全國各地的陸軍學堂以及在福州、天津、煙台與南京的海軍學堂。雖然科舉考試已遭廢除，但禮部仍轄管之前那些成功通

現代教育制度的宗旨

　　西元 1906 年初[6]，朝廷因應學部之奏請，頒布上諭，提出現代教育之宗旨，應以「忠君、尊孔、尚公、尚武、尚實」為目標，藉以培養下一代年輕人的品德。該諭令宣稱「忠君即所以愛國，尊孔以立道德之基，尚公以提倡公共合作之精神，人人有尚武之精神，則自強可以禦外侮，能尚實必講求開發富源，期有益於國計民生。」這裡所提的現代教育制度，其實和中國傳統教育制度一樣，其宗旨都跟古希臘的教育不同。古希臘的教育目的是培育有尊嚴的個人，使其成為集體的重要一員；而中國傳統教育則視人民為集體，共同為國家謀福祉，注重團體而忽略個人利益。不過，人民和國家到底誰為誰存在的問題，並不是本論文的討論範圍。那麼，究竟人民該為國家永續發展而接受教育，還是國家該為人民的生存利益而施予教育呢？我們只要明白，歷史上這兩種相反的教育宗旨，言各成理，其實它跟兩種對立的國家概念有關[7]，這樣就可以了。

過科考的士子；此外，禮部也協助制訂學堂的制服、學校放假日，還有跟公開典禮相關的事宜。理藩部對於像蒙古、西藏與滿洲等邊境省分的教育有部分管轄權。郵傳部管的是培養電報管理人員的電報學堂。農工商部對某些國內的實業學堂和藝徒學堂都有管理權。吏部負責高等學堂畢業生之學位授予以及任命授階。西元 1908 年，朝廷批准財政部在北京建立一所財政學堂，至今依然由財政部管理之。中國海關教育司雖然管理轄下的北京同文館和廣州同文館多年，但西元 1902 年時，北京同文館併入京師大學堂；在我們目前討論的這個時期，都還是由海關管理廣東同文館。西元 1908 年，海關稅務司在北京創立一所專為培養海關工作人員的學堂，到目前為止也都是由海關稅務司管理。【校訂按】清廷新設相關政府單位及其職掌、編制，參見《清史稿‧卷 119‧志 94‧職官六‧新官制》，頁 3445-3472。

6　【校訂按】時當清光緒三十二年。

7　Cf. Perry, *Outlines of School Administration*, pp. 14-15.

1906年的官制章程

如果教育史家要仔細研究中國如何仿效現代國家的教育經驗和最新的教育方法，那麼，西元1906年可算是極為重要的一年。因為在這一年新設立的學部，針對教育制度的組織與行政，提出好幾個規章，並獲得朝廷批准，開始實施。這份官制章程制定之目的，就是要統一規範全國各地迅速發展的教育機構。另一套規章，則是有關全國教育行政系統的詳細組成，其中包含了學部以及全國視學制度。第三套官制章程處理的則是各省與地方的教育行政體系，包含省學務官制、省視學官章程，以及推廣教育的勸學所章程。就理論上而言，這些規章在規劃新公共教育制度已臻發展完全，然就實務面而言，則尚猶不足。

全國教育普查

西元1907年[8]，中國採取了一項十分具有政治高度的教育行政措施。為了取得參考指標，以便日後教育政策的訂定，學部指示各省提學使，要求各府、廳、州縣針對各轄區的教育狀況進行詳細調查並報告。這項調查需要收集的資料如下：當地自然環境特點；戶口普查資料；當地人口的種族、知識、道德與宗教特性；風俗習慣、生活模式與文化狀況；各地財務能力，包括總稅收以及地方稅徵種類；教育狀況，諸如學生總數、學校營運的財務來源、可用於教育的各類財源總數。這項工作，調查了國家未來教育發展的可能性，還有建立全國公

---

8 【校訂按】時當清光緒三十三年。

共教育制度時必須考慮的各項因素，其規模之大不亞於全國普查。

迎接立憲政府的人民教育計畫

推行現代教育的同時，另有一個改採代議制政府的運動。西元
1908年清政府頒詔，同意建立立憲政府，準備逐步進行改制[9]。由於
學部意識到民選政府要能成功，百姓就必須有高度的知識與道德水
平。因此，特別籌備了一個教育計畫，以加快公共教育制度的發展。
這項計畫提出中央學部與地方各省該採取的進程步驟，執行時間為西
元1909年到西元1916年，共分八年來實施，而這也正是詔書公告改
制立憲政府的年限。這項計畫若能如期實施，到了西元1916年中國
的教育制度，說是世上發展最完備的也不為過。然而由於朝廷大臣見
國情艱困，紛紛奏請縮短立憲期限，清廷從善如流，將改制為立憲政
府的時限從西元1917年提前至西元1913年，使得這套獲准執行的計
畫，最終仍遭到擱置。

由於預備立憲的時間縮短了四年，朝廷被迫縮短原先規劃的教育
措施。結果，在西元1910年末，朝廷實施的教育計畫只保留原先最
重要與次重要的部分；隔年年初，朝廷另外批准學部提出的未來兩年
教育方案。當時，誰也沒料想到清朝會因為政治革命而滅亡，這些計
畫最終還是遭到擱置的命運。

---

9 【校訂按】光緒三十一年六月（1905年7月），清廷下詔派載澤、戴鴻慈、徐世昌、
　端方、紹英等五大臣，「分赴東西洋各國考求一切政治，以期擇善而從」。慈禧太后
　根據五大臣考察後返國的意見，於光緒三十二年（1906年）下詔預備立憲，然其立憲
　之涵義為「大權統於朝廷，庶政公諸輿論，以立國家萬年有道之基」。光緒三十四年
　（1908年8月27日）清政府正式頒布《欽定憲法大綱》，成為中國歷史第一部具有憲
　法意義的法律文件。

國家視學制度

在西元1906年的官制章程裡，已經規劃了全國視學制度，不過要等到籌備預備立憲事宜時，有了更詳細的規劃，政府才開始執行。朝廷在西元1909年下半年，採用這個詳細規劃的視學制度，隨後第一批視學官便奉命前往河南、江寧、江蘇、安徽、江西、湖北與浙江六省[10]。隔年政府又派出第二批視學官前往其他省分。從學部上奏給朝廷的視學概況報告來看，雖然內容流於籠統，不過因報告內容包含各地教育現況的優缺點，並提出如何調整改善的意見，所以依然能清楚呈現當時的教育狀況。這第一套視學制度在民國政府時期已經修訂過，在此我們就不再贅述。下面只概括性地提出幾點討論，來幫助我們了解這個制度。

國家視學就是學部所進行的實地考察工作。依據1909年的《視學官章程》，全國分為十二個視學區，每區包括兩至三個省。每區派兩位一年一任的視學官負責。不過，全國十二個視學區中，每年只視察四個。這麼一來，每三年就可視察完一輪。也就是每隔三年，一個視學區至少會被視察一次。此章程規定，前往各視學區的兩名視學官，至少要有一人深諳一種或多種現代語言以及各門科學，如此才有資格考核中等學堂以上學校的教育工作。視學官還要心胸寬闊，同時

10【校訂按】根據江銘主編《中國教育督導史》，清政府早在1906年即派羅振玉、田昊炡、劉鐘琳、張煜全等四人赴直隸、河南、山東、山西四省考察學務，是中國派出的第一批視學。在1908年《學部奏報分年籌備事宜摺》將視學制度規範更加仔細，例如規定視學官資格、責任、許可權、視學區域、業務範圍、視學日期、視學經費及視學官與地方教育行政之關係。1909年所派的視學官視學的省分是江蘇、湖南、浙江、湖北、安徽、河南、江西，與英文原版所提的六省也有所出入。（參見江銘主編：《中國教育督導史》，人民教育出版社14年版，頁103-105。）

熟悉教育原理。他們的職責分成兩個部分：其一，向學部報告視學區內各省的教育進展；其二，鼓勵並幫助各省執行各項教育政策。

1911年第一屆中央教育會議

西元1911年在清廷的許可下，學部創設了一個非常重要的附屬教育機關，名為中央教育會。這個委員會是根據日本教育制度裡的高等教育會修改而成的，其職責則類似法國的教育諮詢議事會，或是英國仿照法國所設立的教育諮詢委員會。中央教育會是一個顧問機構，學部創立這個機構的目的，是希望借重國內教育人士的知識、經驗，還有他們針對各議題的討論結果，來健全教育政策，加速教育發展。中央教育會設在北京，每年暑假舉行為期三十天的會議。會議期間只討論有關中等學堂以下學校的議題。 至於中央教育會的成員，包含來自各方的代表：有學部、民政部、海陸軍部、京師督學局、提學使司、省視學、省教育會、退休的視學官、學部直轄學堂的校長，以及師範學堂與中小學堂的校長。教育會成員任期為三年。

西元1911年夏，第一屆中央教育會會議在北京舉行，逾百位的各省代表與會。這次會議討論議題擇列如下：強制義務教育、停止授予新學堂畢業生科舉功名、討論公民軍事訓練、政府補助小學堂、省政府監督初級師範學堂、廢除小學堂古籍經典課並將勞作課列為必修、統一母語、政府補貼小學堂教師、小學堂低年級實施男女同班等。學部尚書批准了當屆教育會提出的大部分議案，不過，因為當年秋天爆發武昌革命運動，所以終究沒能執行這些議決。

省級與地方教育行政制度

中國省級及地方教育行政制度的演變，是中國現代教育發展的一個重要進程。我們可以用簡單幾句話來描述西元1906年以前的地方教育行政制度：各省設有一名叫做提督學政的教育官員，此一官職源自雍正時期（西元1725年～西元1735年），從清朝初期仿照明制設立的提學道改變而來。提督學政是禮部聯繫各省的窗口，直接掌控各省科舉考試；由各府州縣的教育監督輔佐之。除了這些與舊教育行政制度相關的教育官員之外，各省大多設有學務處，專責新式教育運動的相關事宜。

西元1906年，學部建請朝廷實施新的教育行政制度。這項新制創立了一個由學部提名、朝廷任命的官職，名為提學使，為各省教育行政首長。就官階而言，提學使的地位與另外兩名省級單位執行首長——布政使與按察使——類似。依照行政層級高低，這三位首長受到省督府或省長監督，而省督府執行教育相關業務時，則受到學部監督。不過，以一般的教育事務來說，提學使才是負責人。此外，政府在地方設立學務官所，取代舊制的學務處。學務官所底下設六課，每一課由學務司任命課長與副課長各一名，擔任負責人。學務官所還設有議長一人與五名議紳，負責協助提學司制定教育計畫實施的方法和手段。議長由學部經朝廷准奏後任命，而議紳則由提學使直接任命。這項西元1906年的新制度，也在各省設立六名省視學，以監督指導各省教育工作。這些省視學官由提學使提名，省督撫或省長任命。

在更小型的行政區域，如各府、廳、州、縣甚至鄉村，則由地方

官負起執行省級教育政策的責任[11]。他們的工作性質，就是監督和決行。在各廳、州、縣，設有名為勸學所的教育單位，負責當地教育工作。每間勸學所設一名由提學使任命的縣視學，擔任該地主要行政官。地方上每個學區也有一名專責興學事務的勸學員，由勸學所所長選薦熱心教育的地方仕紳，經地方當局任命之。此一官職是從事實地工作的人，代表著勸學所所長，也可說是勸學所的駐地代表。至於地方當局最基層的官員，是由各縣、各鄉的百姓選出的學董，他們的職責是照管當地學校利益，確認學堂有持續經營的經費。

以上我們簡介了西元 1906 年頒布的地方教育行政制度，以及此制度從頒布起一直到西元 1911 年止，為期六年的實施概況。西元 1911 年年初，為了因應立憲政府的籌備工作，地方政府制度做了一項變革，就是成立自治會。此一地方政府制度的改變，促成了教育行政制度的調整。原先府、廳、州、縣的教育工作，現在都移交給了自治會。不過，更小的小城或鄉村，教育工作可能由一個名為鄉學聯合會的新組織負責。這些聯合會是由數個無法獨立負擔地方學校經費的小城或鄉村組織而成。這跟美國和加拿大合併某些農業區，希望能求

---

11 為實現地方治理的目的，中國的省級行政區通常被劃分為各種不同的行政單位，主要的有六種，即：府、廳、直隸廳、州、直隸州、縣。府是省下較大的行政機構，由一位直接歸省政府管轄的布政使司官員統領。廳是省下小於府的機構，同樣由一位直接服從於省政府的官員掌控，或者作為府的下屬機構。前一種情況稱為直隸廳，也就是直接由省政府管理。後一種情況則稱為散廳。州比廳更小，同樣有兩種，或獨立於其他機構，或作為府的下屬機構。兩者之間的不同在於：廳級政府比州級政府更類似於府級行政機構，州級行政機構更簡單。以直隸一詞冠名的廳和州在級別上和府相同，直接隸屬於省；直隸一詞也可意為獨立。非直隸散廳和散州都可以稱作區。縣也是一種區，是一種隸屬於府級管理的比較小的行政區，它的上級機構可以是府或直隸州或廳。這一行政區劃分是 1906 年的官制為便於地方教育行政管理對地方行政單位的規定。然而，每一個較大的行政區域都被劃分為比較小的學區，從有城牆的城內或城的附近延展到郊區、鄉村和偏遠的村莊。每個學區涵蓋三到四千戶人家。有時一個學區僅有兩三個村莊，有時則十多個村莊都在一個學區內。

得更大收益的計畫有所不同。不過，當時只有已經成立自治會的進步地區，響應教育行政上的變革。至於其他地方，實行的仍是西元1906年頒布的制度，直到革命爆發後，才不得不做出進一步的改變。

中國的留學教育使團[12]

派遣學生遠赴海外留學的運動，一開始多少欠缺章法。不過，由於海外留學的風潮迅速發展，因此催生了相關的控管與考試制度。西元1907年以前，在海外留學的中國學生，由派駐該國之使臣照管。到了西元1907年，朝廷派任了一位負責留歐學生的特殊監督。翌年，朝廷在日本的中國使館下成立了一個監督處，專門負責留日學生。由於留學生四散各國，單靠一名監督處理事務，任務十分困難。因此，在西元1909年時，朝廷於法國、德國、俄羅斯、比利時、英國[13]等地也成立了類似的監督處，由中國派駐該地的公使管理。不過，兩年之後這些監督處全數遭到廢除，歐洲的留學生，直接由其故鄉之政府負責督管。至於在美國，因為拿庚子賠款設立了監督處來照顧留美學生，所以駐美公使得以卸下留學生的照顧任務[14]。自西元1913年起，各省的留美學生，都由這個監督處來照管。

政府為外派留學生所設的考試分成兩種：一種在出國前考，用以測試學生是否具備出國條件；另一種在回國後考，目的是在授予官職

---

12 Cf. H. E. King, *The Educational System of China as Recently Reconstructed*, Chapter VIII.

13 一開始的時候，比利時教育監督處的督導，也同時負責留學英國的學生。

14 出於對美國歸還庚子賠款逾1,000萬美金的感激，中國立約答應每年派遣100名學生赴美，連續四年；之後，每年改派50名。總計28年間，派送了1,800名留學生。

之前看看他們的能力如何。學生出國留學的條件如下：中學堂畢業或具備同等學力、諳外派之留學國語言，以及具備就讀高等專門學校的能力。西元 1907 年夏，江蘇省政府辦理第一屆放洋留學生的選拔考試。這個考試的特殊之處，在於開放女性報名參加。六百位報名者中，只有 72 位男性青年與 10 位女性青年通過資格審核，獲准參加考試。經過三天的考試，選拔出 10 位男性與 3 位女性，這些獲選者全都具有修讀大學的能力。隔年，浙江省政府在杭州舉辦了一場類似的考試。西元 1909 年朝廷在北京舉辦第一屆官派庚子賠款留學生考試，選派學生赴美留學。約莫 600 名應試者中，只有 47 人入選。此後，中央政府和省政府相繼舉辦類似考試，不同的是，拿庚子賠款獎學金赴美的留學生必須先在清華學堂接受初步訓練課程。至於第一屆返國留學生的考試，是西元 1905 年由禮部在北京主辦的；通過考試者，朝廷授予進士、翰林和舉人等功名。這類的考試，學部每年都會舉辦，直到西元 1911 年，朝廷停止授予大學堂畢業生科舉功名，也不再頒發相同功名給返國留學生為止。

公職考試制度與教育考試制度的分離

授予高等學堂畢業生官職的制度，遭到清政府廢除的那一刻起，也正式宣告了公職考試制度與教育考試制度的分家——這在中國教育史上，是極具意義的一件事。從我們的考察中得知，在唐朝以前，所有透過科舉考試選出的士子都成了公職官員；但是從唐朝開始，由於主管科舉考試的禮部和任命官職的吏部的職掌分家，通過科舉考試的公職候選人，卻往往得不到官職。即便如此，知識分子接受教育仍然以步上仕途為其目標。中國一開始引進現代教育制度時，還是按照傳

統科舉制度，授予高等學堂畢業生官職，讓他們能夠謀官任職。只不過，由於高等學堂畢業生的人數遠遠超過公職的缺額，因此，很多畢業生即使擁有功名，也得不到官位。除了這個沒人樂見的現象之外，「讀書是為了當官」的慣例，一方面讓學生繼續把步上仕途當成接受教育的目標，而另一方面卻讓無心進入公職的人，以為具備日常生活和工作相關的基本知識就夠了，沒有必要接受其他的知識教育。的確，這樣的教育觀念在中國人心目中已經十分根深蒂固，即便廢除了授予高等學堂畢業生官職的制度，也無法成功拔除此一觀念。

此外，授予高等學堂畢業生官職制度之所以會遭到廢除的直接原因，是因為當年朝廷建立了一套新的公職系統，所以沒有必要招考高等學堂畢業生，授予官職。不過，既然大家都明白全面廢除功名會傷害現代教育制度，那麼就改採一套新的系統，保有畢業生學術意義上的功名，但不再給予其服任公職的優先權。這套系統頒授功名如下：大學堂畢業生獲進士頭銜；高等學堂畢業生獲舉人頭銜[15]；其他同級學校畢業生獲貢生頭銜；高等小學堂或初等實業學堂畢業生獲生員頭銜。

學校組織的變化與發展

從頒布《奏定學堂章程》（西元1903年）[16]起至清朝結束（西元

---

15 【校訂按】英文原版將大學堂與高等學堂畢業生併置，同時聲稱兩者皆授予進士頭銜。疑有誤。依據實際狀況兩階段學堂的畢業生應該分別授予不同的功名頭銜。

16 【校訂按】英文原版作西元1903年，諸多譯本改作1904年。據查《奏定學堂章程》的頒布時間為光緒二十九年十一月二十六日。（參見2006年北京・全國圖書館縮微複製中心《中國近代教育史料匯編》，晚清卷，第1冊，頁341。）由於陽曆、陰曆換算產生的誤差，陽曆曆法為西元1904年年初。然本譯本忠於英文原版與部分史實，仍譯

1911年）為止，學校組織最起碼有三方面的變化：其一，推廣現代新式教育；其二，提供滿足各類學生和社群需求的多樣化課程；其三，簡化繁瑣程序。這些改變的趨勢，符合當時政治發展的精神，也就是推動全民參與的立憲政府。同時，當時各個學校的課程規劃，顯示出古籍經典仍然主導著教育體制。這表示以民眾教育的理想而言，舊制度顯然還沒完全過渡到新制度。就如同要完成國家的理想，需要長時間的演變，非一蹴可及。改變需要時間，因為政府一實施新的教育制度，立刻就有人大聲疾呼要維護古籍經典及其教義。話說回來，古籍經典把持中國現代教育史的時間，對比於教育史上其他國家保守勢力面對改革的拉扯對抗，算是非常短的了。這一點我們在後文的討論中，將可以看得更明白。現在，我們接著要追溯的幾個重要改變，是關於下列教育制度的發展：普及教育、師範教育、實業教育與高等專業教育。

一、普及教育

1.初等小學堂

根據西元1903年頒布的《奏定學堂章程》，初等小學堂的修業期為五年，每星期授課30小時。西元1909年，由於增加國語文科目，每週授課時數增加到36小時。為了滿足地方居民的不同需求，初等小學堂也提供了兩類修業期較短的課程規劃，一種四年制，一種三年制。隔年，基於四年制的修業期最為適宜，因此將三年制統一改為四年制。前兩年每週授課時數為24小時，後兩年為30小時。在修

作1903年。後文皆然，不再贅述。

訂後的課程大綱中，大部分的授課時數，還是以中國古籍經典和國語文為主，前兩年每週要佔掉14小時的授課時數，後兩年則為15小時。

2. 高等小學堂

西元1910年，由於初等小學堂狀況的改變，所以高等小學堂的課程規劃也得重新修訂與編排。選修課加入音樂科。位於通商口岸的高等小學堂，於第三與第四學年加開英文課。另外，為了統一方言讀音，課程規劃當中加入官話這門附加課程。不過，高等小學堂的修業期和授課時數沒有更動，修業年限依然為四年，每週授課36小時。

3. 女子小學堂

在西元1907年以前，雖然政府官員時時強調女子教育的重要性，且各省已有女子學校的設立。但是在經費補助和立法規範方面，中央政府並未有任何行動。在西元1907年，朝廷批准由學部起草的女子小學堂章程，內訂三種制度類似男子學堂的女子小學堂，即女子初等小學堂、女子高等小學堂，還有一個集前兩者大成的女子兩等小學[17]。跟男子小學堂一樣，女子小學堂的宗旨為培養女學員之道德，增進其知識，並強健其體魄。女子小學堂和男子小學堂是分開設立的。 女子初等小學堂招收七歲至十歲的女孩就讀，而女子高等小學堂的學生則為十一歲到十四歲。女子初等小學堂修業期為四年，每週授課時數至少24小時，至多28小時。女子高等小學堂修業期為四年，每週授課時數在28小時到30小時間不等。女子初等小學堂有倫理道德、國語文、算術、女紅、體育等五門必修科目，另有音樂、畫

---

17 【校訂按】有關「女學章程」之相關學制資料與修業規定，參見2006年北京·全國圖書館縮微複製中心《中國近代教育史料彙編》，晚清卷，第4冊，頁1529-1565。

畫兩門選修科目。在修業期前兩年，國語文授課時數為每週12小時，後兩年則為 14 小時。至於女子高等小學堂的課程規劃，除了前述初等小學堂科目外，還有下列科目：歷史、地理、自然科學。女子小學堂修業期間，國語文每週授課時數皆為9小時，僅次於國語文授課時數的是女紅，前兩年每週授課5小時，後兩年則為6小時。

4.簡易識字學塾

朝廷為了讓百姓準備好迎接立憲政府，在西元1909年擬定的教育計畫中提出簡易識字學塾的設置，以彌補因小學堂數量不足，不能滿足大眾對教育迫切需求的現狀。促使政府成立簡易識字學塾的原因有二：一方面，地方公共主管機關缺乏教育經費與足夠師資；另一方面，有些家長與孩童既無金錢也沒有太多時間接受教育。簡易識字學塾招收的對象是沒有機會接受教育的赤貧人家子弟，同時也招收成年文盲。這些學塾不收學費，也無償提供書籍和文具備品。學塾每日一堂課，時間為1至3小時，有早、午、晚三個時段可以選擇。讀完三年的課，可以升到普通小學堂，從四年級開始銜接。到了西元1911年，簡易識字學塾統一修業期為二年，每週授課時數12小時。修業期滿的畢業生，可升到普通小學堂，從三年級開始銜接。

5.半日學堂

早在西元1906年，朝廷便應允了官員劉學謙的奏請，成立半日學堂。半日學堂成立的動機與目的，都跟簡易識字學塾雷同[18]。

18【校訂按】〈通行京外給事中劉學謙奏設半日學堂片稿文〉云：「各省設立學堂，能入學者多系富家子弟，其貧家子弟急待謀生者，大半難得入學。擬請飭下各將軍督撫，諭令各州縣廣籌經費，立半日學堂，專收寒子弟，不取學費，不拘年歲，使之無所藉口，無所畏難……且此項學堂愈多愈善，無論城鄉，每二三百家即應設一處，庶向學者眾，教育可以普及。」參見多賀秋五郎編，《近代中國教育史資料·清末編》，臺北：文海出版社，1976年，頁409。

6.改良私塾

由於教育當局明白以當時的財務狀況，要為民眾提供數量充足的現代學校還得等上好一段時間，因此在西元1910年，政府決定利用國內四處可見的傳統私塾，例如：為貧苦子弟設立、以地方公款營運的義學；為宗族子弟設立、以宗廟或其他公共建築為講學場所的書塾；學生於私家設置的家塾，還有教師在自己家裡辦的經館或蒙童館等等。政府當初規劃透過現代教科書的使用和其他手段，改革這些傳統私塾。主管當局還為了這些私學塾，訂定特殊的課程規劃。若學生從採納新制課程的私塾畢業，得以進入一般教育制度下的學校。西元1907年，政府在北京試辦改良私塾計畫，測試其可行性。結果，只有12所私塾遵照要求執行新制，參與學生人數約300多人，然絕大多數的私塾並沒有參與。於是，政府為了鼓勵私塾改善教學，又設立了一套視學與獎勵的計畫，而這次的結果成效驚人。西元1908年第一學期，達到改革標準的私塾有42所，共計超過1,000名學生參與；到了第二學期，改革後的私塾增加到89所，參與學生超過2,200名。到了西元1910年初，參與的私塾已經多達172所，參與的學生人數總計4,300餘人。政府總共才花了1,370兩鼓勵私塾改制教學，卻得到172所私塾響應，總計4,300餘名學生參與。北京試辦的消息傳遍了全國，各省紛紛起而效尤。不過，後因武昌革命的爆發，最終的統計結果並沒有完成。

7.中學堂

西元1909年，朝廷聽從學部建議，在中學堂裡提供兩個平行學程，以滿足學生的不同需求：一為實科，一為文科。實科側重科學，而文科則側重經學。兩學程的授課時數與先前規定的一樣，仍為每週36小時。西元1911年年初，政府降低了兩學程的要求標準，使其性

質更接近於通才教育。這個改變的原因，一部分是出於聘僱合格教師和培養合格學生的困難，另一部分則是無法負擔購置所需設備的經費。此外，政府還認為，要像德國那樣的國家，才能在中學教育裡提供高度專業化課程。不過，中國還沒到那樣的時機，所以，中等教育不宜過度專業。

二、師範教育

1.初等和優級師範學堂

西元1906年，學部指示各省師範學堂加入下列學程：在初等師範學堂設置修業期一年的學程，培訓小學堂教師；在優級師範學堂設置修業期兩年的選修學程，培養府縣師範學堂和中學堂教師；提供修業期五個月的體育學程，培養小學堂的體育老師。選修學程包括有下列幾種：歷史、地理、物理、自然科學和算學。到了西元1910年，政府為了提升師資教學水準，因而廢除了選修學程與初級簡易科，而另外設立了一個兩年制的加強學程，讓結業學生得以升上優級師範學堂就讀。此外，在初級師範學堂的課程規劃中加入了單級學校和二部制學校的教學實習，以豐富學堂的課程內容。

2.女子師範學堂

在女子教育發展史上，西元1907年是值得紀念的一年，因為清政府不僅正式籌備設立女子小學堂，還決定設立女子師範學堂。女子師範學堂的創立宗旨，就是培養女子小學堂的教師。此一計畫最終要在每州、縣設立一所公辦女子師範學堂。不過，在當時公辦女子師範學堂只設立於各個省城及府城中。女子師範學堂和男子師範學堂一樣不收學費，招收對象為女子高等小學堂畢業生，或是在高等小學堂讀

完二年的學生。後者必須先修一年的預備課程，才能上正規學程。女子師範學堂的修業期為四年，每年為45週，每週授課時數34小時。修習的科目計有：倫理道德、教育學、國語文、地理、歷史、算學、音樂與體能培養。除了正規課程外，如果情況需要，則另加入與女子高等小學堂後兩年授課科目雷同的預備課程。

3.實業教員講習所

在西元1910年，由於國內實業教師不足，導致能提供實業教育的學校甚少，政府因而設立一套新的制度，以初級師範學堂為本，籌備實業教師的基礎訓練學校。此一機構設置在高等實業學堂跟初等實業學堂裡，可以提供短期實業學程。隔年，學部發現因財務困難，實業學堂內設有實業教員講習所者寥寥可數，所以決定採取進一步的方法，允許各實業學堂在實業學程外，提供加開教育學、教學法，以及教育法規等師範學程的正規課程。這純然只是出於經濟考量的權宜之計，並不會長久實施。

4.高等專業教育

此時在高等專業教育方面，也有新的發展與改變。西元1901年開始實施的大學堂附設大學預備科政策，遭到政府廢止[19]；為此，清政府設立了高等學堂，作為進大學前的正規預備學校。同時，清政府也設立了許多專門學堂，制定這些學校的管理規章。當時的專門學堂很多，茲擇例如下：法政學堂、醫學堂、滿蒙文高等學堂、存古學堂、清華留美預備學堂等等。

19【校訂按】京師大學堂附設大學預備科的政策，溯自清光緒27年（1901年）開始實施，至清宣統元年（1909年）廢止。

教科書的控管

在中國公共教育制度的發展過程中，清政府了解教科書的選擇與其品質控管很重要，實不容忽視，特別需要規範監督。在學部創立之前，編纂教科書全由民間自理。雖然沒有強制規定出版商必須將書籍送到北京給學務大臣審查，但想要確保銷售量的出版商，偶而還是會這麼做。西元1906年制定的章則條款規定，在學部裡設立圖書局，專責出版新式學校系統的教科書。在西元1908年，完成了一套簡易的學堂識字讀本。同年，一系列國民讀本問世。緊接著出版了小學堂教科書及小學堂教師手冊。學部圖書局出版的所有教科書，通令各省採用，再由政府和各省教育主管機關自行出版印行，施用於各級公立學校。同時，學部制定教科書審查制度，以審核個人或出版商出版的教科書，並決定授權學校採用與否。因此短短幾年內，學部核可了大量小學堂、中學堂，和初級師範學堂的教科書。不過，除非教科書包含危及國本、大逆不道的內容，否則就算未經學部核可認定，也不至於遭到報廢或禁止。

清末教育狀況

曾有人描述一開始嘗試引進現代教育的中國，就像一個沒有海泳經驗的人一樣——想泡進海裡，但一碰到水卻又跑開；想慢慢走進水中，又轉身急退；嚮往海水，但不敢受其迷惑；看著身旁深諳水性的人嬉水踏浪，不禁妒火中燒，卻怎麼也踏不出第一步。無論這個描述在最初狀況的比喻有多麼寫實，但在清朝末年，情況絕非如此。清末的中國，面對現代教育的態度，早已不是當初那個膽怯的海泳者。中

國不僅一而再、再而三地躍入海中，同時也完全下定決心，無論付出什麼代價，都要讓人民接受現代教育。

根據西元1911年學部發表的第三次年度報告，西元1910年中國包含師範學堂、實業學堂與技藝學堂的各類現代學堂，總共有52,650所，學生總人數達1,625,534人，教師共89,766人，教育行政人員計95,800人。除了學堂以外，同一年的統計資料還有69處教育機關，地方教育會、省城教育會與中央教育會共計722個，1,558個勸學所，3,867間大講堂。當年教育總收入為25,331,171兩，而同年的教育總支出為24,444,309兩。政府教育總資產為70,367,882兩。這些數據，還不包含那些中國海外留學生的統計資料[20]。西元1909年，光是在日本東京，政府的官派留學生總計就有2,387人，其中1,992人在大學堂或同級學校，395人在軍事學校；此外，東京至少還有2,500名自費留學生。據估計，西元1910年，中國在日本的自費留學生至少就有5,000人，其中150名為女留學生。同年，留英的官派學生大約140人，而自費生的數量也約莫相當。在比利時的官派留學生有70人，在法國的官派留學生有80人，在德國的官派留學生60人，在奧地利的官派留學生10人，在俄羅斯的官派留學生約15人。由於留學這些國家的自費生不受政府安排的監督所管理，因此沒有他們的統計資料。據估計，西元1910年，中國在美國的留學生不下600人[21]。當時，送出最多留學生的四個省分為廣東、江蘇、浙江與直隸。

上述數據是代表幾年內中國推行現代教育成效的紀錄。下頁表收集了學部歷年報告的資料，可以提供我們各類學校數量增長的約略概

---

20 H. E. King, *The Educational System of China as Recently Reconstructed*, p. 96.

21 《中國學生月刊》（*Chinese Students' Monthly*），1910年3月號。

學校數量的增長

年分	官立	公立	私立	總數
1905	3,605	393	224	4,222
1906	2,770	4,829	78	8,477
1907	5,224	12,310	2,296	19,830
1908	11,546	20,321	4,046	35,913
1909	12,888	25,688	4,512	43,086
1910	14,301	32,254	5,793	52,348

念。

我們注意到，在西元1905年至1910年間，官立學堂從3,605所增加到14,301所，公立學堂從393所增加到32,254所，而私立學堂從224所增加到5,793所，不論是哪一種學堂，年增率都出奇地高[22]。所有學堂，不分類別，其學生人數也以同樣的方式快速增長。西元1903年時，中國現代學堂的在學人數才1,274人；之後，這一小群學生，數量穩定增加，到了西元1910年時，在學總人數已達1,625,534人。下頁表明確顯示出這八年間在學人數迅速增加的情形。

學部報告中的統計資料顯示，就提供人民教育機會方面，各省處於不同的發展階段。有些省分進展神速，而有的省分則遠遠落後。例如：西元1909年時，直隸與四川兩省都各有65個教育會，不過甘肅只有4個教育會，黑龍江更只有1個。同樣從那年的資料來看，直隸與四川分別有152個和145個勸學所，而黑龍江和吉林卻分別只有17

---

22 官立學堂是以政府國庫提撥資金運作的學堂；公立學堂則靠地方公家收入運作；私立學堂是私人建立、靠捐款維持的學堂。

學生人數的增長

年分	學生總數
1903	1274
1904	31,378
1905	102,767
1906	200,401
1907	547,064
1908	921,020
1909	1,301,168
1910	1,625,534

個和18個。這個顯著的差距，也反應在大講堂的數量上。同一年（1909年），貴州省有1,167所大講堂，而其他教育方面領先的四川卻只有396所大講堂，最落後的黑龍江省只有6所。如果從學堂數和在學人數來觀察，一樣會看到這麼大的歧異。造成這些巨大差距的部分原因，可推斷如下：（1）各省的財政實力；（2）人口數量多寡；（3）百姓的知識程度；（4）外在壓力的大小，例如有無外國人的影響等；（5）環境因素，例如地理位置的差異；（6）政府官員和人民付出心力的多寡。

從全國各地舉辦的教育展，我們可以一窺當時現代學堂的教育成果。在西元1910年南京實業展覽會上，光是蒐羅自各學堂的展示作品，如儀器、教科書、圖表、畫作、手稿等就有34,000多件。展覽結束最後頒獎表揚時，教育展區的獲獎作品高達900件左右，幾乎佔了總獎數的一半。到場參觀的西方教育學者們，都對展覽成果讚譽有加。之後，政府又將透過類似的小規模徵集評選出來的展覽作品送到

義大利參展。由於作品的內容和製作技巧皆屬上乘，中國再次獲得許多獎項。

　　想真正地了解辛亥革命以前的教育狀況，就要看看現代教育對百姓知識和思想所造成的影響。不少決策者都認為，後來的革命運動，多拜中國的現代學校與學院所賜。顯然，無關乎年齡大小，每個受到新式教育影響的學生，感受到他們對現實社會狀況的不滿；同時，教育思潮也激發了他們想改善國家政治與社會的深切欲望。的確，一如孫中山先生和其他重要革命運動人士再三聲明的，能夠成功推翻滿清王朝，建立新共和國的主要關鍵就是教育。

第六章　民國初期的教育重建

1911年辛亥革命及其對教育的影響

　　西元1911年10月10日，在武昌爆發辛亥革命，推翻了滿清政權，建立民主共和政府；一時間，全國人民將所有的注意力，轉向爭取民主自由，而全國各地的現代教育發展也暫告中止。教育發展的暫時受挫，不過是國家內戰的必然結果之一，類似情況不僅在中國歷史上很常見，在其他國家也是如此。在這情勢緊張的動亂時期，原本用於教育的經費必須挪為軍用。很多學堂的校舍被當成軍營；許多學校的設備遭到暴民破壞，書籍儀器則遭致掠奪或散落四方。因此，大量的學校或高等學堂，面臨停課或無法好好辦學的情況，像成都、漢口、武昌、南京和廣東這些動亂中心附近的學校，情況尤其嚴重。許多青年學生響應革命運動，自願到戰地從軍，他們不是額外自組義勇軍，就是投筆從戎，加入正規軍，而且當中甚至有些人成為具有影響力的革命運動領袖。同樣的，也有為數眾多的學生，成立募款組織，籌募作戰基金。還有另一批學生，自發性地發表公眾演說，讓一般百姓明白革命的意義，以及革命人士主張的民國宗旨。正因如此，革命期間教育運動一度遭受打擊，得花上一段時間才能復原。

臨時政府的暫行教育政策

　　西元1912年1月9日，臨時政府於南京成立教育部，隨後立即向

十七省都督發布特令[1]，內含管理公共教育的政策綱領，以及中小學與師範學校的課程規劃。這些政策綱領和課程規劃，僅供暫時指導之用。至於完整全新的制度，則要等待全國教育專家商議後才會重新制訂。有鑑於學校因為革命運動而被迫關閉，此一特令再三強調立即重新開辦學校的重要性，並指出小學的恢復，尤其刻不容緩。這紙特令也要求學校只能使用內容與民國精神相符的教科書，前清時期的教科書和參考書，除非已刪除有違民國精神的內容，否則一律禁止使用。除此之外，這紙特令廢除了頒發中小學畢業生科舉功名的制度，並且將中學與初等師範學校的修業期，從五年改回四年。另外，它也廢除中學校文科與實業科的分科教育，改回通才教育。特令還要求各小學之主管單位，應加強實作類課程。同時把軍訓加入高等小學的體育課教學，並將珠算加入初等小學堂三年級以上的算術課。然而這份特令中最重要也最具意義的兩項方案是：第一，允許初等小學男女合校；第二，將古籍經典徹底從小學課程當中移除。這意味著此暫行制度與革命前實行的制度截然有別，而且執行這些措施是為了要適應政治動盪造成的新現狀。

　　此一暫行教育政策非常強調社會教育的重要性，例如：透過具備某種教育性質的機構來傳播知識，其手法包含公開宣講、閱讀報紙、上圖書館，還有觀看相關影片。毫無疑問的，政府相信國家的穩定與否，取決於公民的知識教育水平。同時政府也認為要推動正規普及教育，當時還有許多執行上的困難，所以倒不如讓這些具備某種教育性

---

1 《中國教育評論》，第三卷第四期，西元 1912 年 1 月。【校訂按】民國元年一月（1912.01），南京臨時政府教育部頒布《普通教育暫行辦法》，修改內容包括學堂改稱學校，廢止讀經，中學文實不分科……等，對清末的教育政策進行重大改革。相關資料參見陶英惠，《民國教育學術史論集》〈開國時期教育文化的創新〉，臺北：秀威資訊出版社，2008 年 12 月，頁 15-16。

質的機構，發揮其重大的教育力量，來影響未受教化的成年男女以及無法上學的年輕人，因而推動此一社會教育運動。在這個信念促使下，教育部發電報給已宣布加入民國政府的各省都督，極力鼓吹他們向人民解釋，辦理公開宣講，以及播放對民眾有益的宣傳影片，強調這是極為重要的一種教育手段。教育部要求各省擬定辦理這些活動的臨時標準程序，選擇並收集向民眾宣講的資料，並在地方官員和熱心教育人士的協助下，辦理社會教育活動。此外，教育部也通告地方政府可以視情況酌用公款補助來辦理這些活動。當時教育部建議的公開宣講主題，大約如下：辛亥革命的成就、民國公民的義務與權利、養成尚武精神的重要、提升國家經濟和實業優勢的重要性等，此外還特別強調公民道德的重要性。在民國初創的特殊時期，這場由教育部發起的社會教育運動，其影響力之大，從各省官民熱烈響應的狀況可見一斑。然而，本概論型研究無暇詳述這些活動的細節。我們只需要知道，教育部後來創立了一個特別的部門，名為社會教育司，繼續以這樣的方法敦促教育推廣運動。

西元1912年4月1日，袁世凱當選中華民國總統，隨即成立新的教育部。這個新成立的教育部，從南京移至北京，進駐清朝時期的學部所在地。新成立的教育部，不再像以前僅代表一部分的中國，而是搖身一變，成為中央代表機構，也一併統籌民國政府各省分的教育事務。想當然爾，草創時期的教育部所辦理的業務多屬初步性質。例如：全面考察革命爆發以來教育事務上的所有變化[2]。同時要求從革命以來那些暫時充當軍用或作為其他用途的教育財產，都得歸還給適

---

2 這一段所提到的要求和其他教育部辦理之事務，都是根據《中國教育評論》的時事評析報告。

宜的單位。中學以下教科書的出版商家，必須將樣本送交教育部，審核其內容的適切性。另外，新設教育部也繼續致力推行先前教育部啟動的社會教育運動，藉著分享中央與京師督學局興辦社會教育運動的經驗，向各省說明手段與方法，鼓勵各省府組織進行類似的活動。不過，在成立初期中央教育部至少有一個特殊且意義重大的措施，那就是召開中央臨時教育會議，徵集全國教育人士來討論教育政策要務。

1912年的中央臨時教育會議

西元1912年7月10日到8月10日的中央臨時教育會議，其舉辦目的與西元1911年召開的中央教育會相類似，也就是：協助政府取得國內教育人士的知識、經驗，再利用會議結果來執行更健全的教育政策，加速教育發展的提升。政府為了確保此次會議能得到最好的成果，再三確認與會人士都是一時之選。其中包含具有教學經驗三年以上的國內外師範學校畢業生，還有舉國知名的教育工作者。與會代表的分配辦法如下：包含蒙古、西藏在內的二十二個省，各派2名代表；海外華僑代表1人；教育部直轄下的各個學校，從教職員中選派15名代表；內務、財政、農林、工商、海陸軍各部共派出10名代表；此外，還有教育部特別邀請蒞臨的代表。中央臨時教育會議由教育部長主持。會議中提出討論的問題，選列如下：學制、中央與地方之學校管轄權的劃分、蒙回藏教育、小學教師優待及其資格認定法、祭孔、國歌選定、高等教育會議組織事宜等等。會議期間，總計提出九十二件議案。不過，在議期內共召開十九次正式會議，只有比較重要的二十三項議案得到完滿議決，提請教育部實施。雖然與會的教育專家們並沒有實質的立法權，但是他們審慎思慮後所提出的建言與提

議，對國家的政策影響重大。這點我們只要比較會議的決議結果，和會後教育部重組教育制度的決策便可知曉。

新的教育宗旨

教育部接下來的重要步驟就是頒布教育宗旨，這與西元1906年學部所公布的教育宗旨有些微不同。清朝的教育宗旨在反覆教誨五種美德：忠君、尊孔、尚公、尚武、尚實。時至今日，教育一直被視為培養青年良善品德的工具[3]。這樣的品德養成要輔以實業和軍訓教育，同時加上美學教育才算完備。換言之，教育最主要的重點便是道德的養成，這與傳統孔子的教育理想相符。只不過每個人對於道德的解讀都有所不同，我們這裡所說的道德，是指公眾利益的道德。教育本身並不會阻撓社會進步，或干擾個人發展，因為提供教育的主要目的就是謀求國家社會的福祉[4]。第一任教育部長蔡元培在定義道德教育時，他說：所謂道德教育，就是將自由、平等、博愛的觀念傳播給人民[5]。這段時期裡，教育部部長曾多次親自向全國的教育行政人員、教師以及學生們，訓示這個教育觀念[6]。

---

3 《教育命令》，第2期，西元1912年9月2日。

4 參見《中央教育會議論文集》。

5 《中國基督教年鑑》，西元1913年，頁254。【校訂按】蔡元培先生云：「何謂公民道德？曰法蘭西之革命也，所標揭者，曰自由、平等、親愛。道德之要旨，盡於是矣。」參見高平叔主編，《蔡元培全集》（第2卷），北京：中華書局，1984年，頁131。

6 這些訓示的全文，請參考《中國教育評論》，西元1912年9月。

重建教育行政制度

　　袁世凱總統發布出第一道教育命令[7]，公布國民大會議決的教育部組織制度，代表了政府邁開重建教育制度的第一步。根據新的組織制度，教育部設置一名教育部長，總管一切教育事宜，並監督全國學校，管理所有教育部直轄的公共建築物。部長之下設有多名官員以協助之。除各部組織制度規定人員外，教育部還設視學16人，以及10位藝術與科學專家，擔任技士及技正職務。視學由教育部長提名後，經總統任命；技士與技正則直接由教育部長任命。革命前的清朝學部有五個司，民國後的教育部則改為總務廳和三個司。總務廳負責教育部直轄之學校所有事務，同時還有下列職權範圍：公立學校教師、教育協會、調查及匯編、學校衛生，以及學校圖書館、展覽廳，還有教育展籌畫與維護。教育部設置的三個司為普通教育司、專門教育司與社會教育司。普通教育司掌管以下的所有事務：師範學校、中等學校、小學、蒙養園，以及包含啟聰和啟明學校在內的所有特殊身障學校。普通教育司還負責學童就學、教員的篩選與資格認定等相關事務。專門教育司掌管以下的所有事務：大學與學院、高等專門學校、派遣留學生、國家天文台、籌備政府年鑑、博士學會、國語統一籌備會、醫師藥劑師審查資格協會。此外，專門教育司還掌管了各種藝術和科學相關的協會，同時也負責學位授予事項。社會教育司掌管以下的所有事務：公共儀典、博物館及其展覽、音樂、文學、戲劇、古物調查與搜集、公共教育、公開宣講、一般圖書館與流動圖書。最後，社會教育司還負責公共教育的資料彙編、調查與規劃等工作。

---

　7 《教育命令》，第1期。

西元1913年，教育部以新的視學組織制度，取代了西元1906年的視學官章程。新的規劃揚棄了舊制劃分的十二個視學區，將全國改為八個視學區。新的視學區劃分如下：（一）直隸、奉天、吉林、黑龍江；（二）山東、山西、河南；（三）江蘇、安徽、浙江；（四）湖北、湖南、江西；（五）陝西、四川；（六）甘肅、新疆；（七）福建、廣東、廣西；（八）雲南、貴州。至於蒙古、西藏則暫時定為特別視學區域，另行制訂專門之規範。每一視學區派遣考察普通教育及社會教育的視學官兩名，得請教育部派人協同視察。規定視察的實施期限為每年8月20日起至次年6月10日止，但特殊視察則依教育部的特別命令，可隨時進行。每年的視察區域由教育部隨機指定。舉凡符合下列各項條件之一的文官都可接受委任成為視學官：（1）畢業於本國或外國大學或高等師範學校，並具備一年以上之教育工作經驗者；（2）擔任師範學校或中學校校長或講師達三年以上者；（3）擔任教育行政工作達三年以上者。視學官應進行視察的事項如下：教育行政、學校教育狀況、學校財務、學校衛生、教育官員的工作環境、社會教育及其機構設施，以及教育部長特別指示的事項。不過，如遇以下情事，視學官可直接向當地教育主管機關表達意見：違反教育法令、教育部議決的事項、學校的教學與管理、社會教育及推動社會教育的設施、教育部長特別指示的事項等。如此一來，新制視學官不像舊制視學官擁有獨斷的權力，就本質而言，他們只擔任顧問，提供諮詢。這顯示了新的中央政府機關，不再獨斷事務，而地方政府機關則有了更大的自治權。

　　此時的政治行政體系都帶有臨時性質，所以，各省與地方的教育行政也是一樣，隨時會有劇烈變化。各省的教育執行工作，相去甚遠。大多數的省設有教育司，取代了舊制的提學司。教育司與提學司

的差異，在於教育司隸屬於各省行政機構之下，而提學司則是獨立的省行政機構。省教育司設教育司長或教育委員，由總統任命，並向總統負責。教育司之下另設數名由省行政主管任命的省視學官。至於各縣[8]名為勸學所的地方教育委員，已遭廢除，其職責轉移到新設的學務科上。學務科與勸學所，就跟教育司與提學司一樣，後者與地方行政分立，而前者則屬於縣級行政的一部分。新的學務科，設科長一名，由縣長，即民政首長任命。同時，各縣設縣視學一名，產生方式與學務科長相同。最後，小城、鎮、鄉的教育事務由當地百姓推舉熱心公益者，所選出的地方教育董事，管理教育事務，照看居民利益。再由董事聘任一位名為學務專員的特殊教育官員，執行當地教育工作。

修訂學制

下頁圖表為民國政府建立後所頒布的新式學校制度。

根據1912年公布的「新式學校系統組織表」規定：四年制的初等小學校教育為義務教育。初等小學校畢業後，學生可升上高等小學校，或就讀乙種實業學校。高等小學校三年修業期滿，可升上中學校、師範學校，或甲種實業學校。初等小學校或高等小學校之畢業生，若礙於某些原因無法繼續升學，政府另設補習專科，提供進修課程，修業期為兩年。中學校畢業後，學生可進入預科，為日後升上大學、專門學校，或高等師範學校而準備。大學預科的修業期為三年，至於大學則依照選修學系的不同，修業期為三年或四年。師範學校預

---

8 自從民國建立以後，名為「府」的行政區劃分已經廢止。

1912年新式學校系統

24				
23				
22		大學		
21	專門學校		高等師範學校	
20		（預科）		
19				
18	（預科）		（預科）	
17		中學校		師範學校
16	實業學校（甲種）		補習科	
15				（預科）
14				
13	實業學校（乙種）	高等小學校		
12			補習科	
11				
10	初等學校			
9				
8				
7				

注：高等師範學校也可開設選修課和專修科，每科兩到三年。

科的修業期為一年，而師範學校的課程為四年期。至於高等師範學校的修業期為三年，第四年為實習。實業學校分甲、乙兩種，修業期皆為三年。專門學校也要先修預科，其修業期為一年。專門學校的修業期則依照學生選修專門科目的不同，有三年或四年之分。表中的年齡劃分只是參照標準，並不是固定不變的。同時，各學校之修業期也可能因為學校的地點和性質不同，而有延長或縮短的情況。這個新學制與革命前的舊制相比，有下列差異：高等小學的修業期由四年改為三年；中學校修業期則由五年改為四年；高等學堂改制為大學預科；之前規定大學畢業後進入通儒院必須完成五年的研究，現在則無特別規定。這麼一來，全部讀完各級學校的時間就縮短了好幾年。我們可以知道，跟舊制相比，此一變革是一項大躍進，因為從高等小學校和中

學校畢業的學生便因此得以增加。

　　認識這個架構後，我們就可以好好檢視民國成立後所修訂的新學制與課程規劃了。

一、小學校

　　小學校教育的目標為：（一）確保兒童身心發展健全；（二）奠定國民道德基礎；（三）開發生活必需之知識和技能。跟舊制相同，小學校分為初等小學校與高等小學校，只不過這兩者可以合併設置。

　　雖然在革命以前，政府並沒有把設立小學校的權責委任於哪個特別主管機關，但民國以後，這個權責很明確地交付到城、鎮、鄉級政府手中。如因財力不足而未能獨自設立初等小學，則可由兩個以上的鄉政府設置初等小學校聯盟。這種學校聯盟得以自行劃分學區便於小學校之設置，也可以自行聘任職員管理教育事務。在特殊情況下，縣級官員得以指定某些私立學校取代該城、鎮、鄉設立的學校。高等小學校以縣級行政區為單位設立，其數量及地點由縣級官員和縣議會商議後規劃訂定。如果城、鎮、鄉已經設立足以容納該行政區內所有學齡兒童的初等小學校，則在財務資源有餘的情況下，經縣級行政首長許可後，另行獨自或聯合設立高等小學校。唯有縣級行政首長許可後，方得設立、變更或廢止任何小學校。蒙養園、盲啞學校以及其他類似學校的處理方式，則與小學校同。

　　各城、鎮、鄉教育董事，以及學校聯盟之校長，均在縣級行政首長的督導指揮，掌管各自轄區內所有的小學校。以縣級財政盈餘設立的高等小學校，由縣行政首長掌管。同時，縣級行政首長得以要求各城、鎮、鄉的行政人員，在城、鄉、鎮董事或學校聯盟校長的督導

下，輔助其轄縣之教育工作。所有委任給城、鎮、鄉立小學校校長與教師的教育事務，都須接受縣行政首長的監督。所有的私立小學校，也由縣行政首長監督管理。

二、中學校

中學校的目標在於完成學生之通才教育，創造健全有能力的國民。參考男子中學的建置模式，政府在中華民國史上首次設立專門提供給女子就讀的中學[9]。中學的設立，由各省主管機關負責。各省行政主管自行定奪其轄區內所需之中學校的數量與設置地點，並向教育部長呈報。教育部長有權隨時依照迫切需求之狀況，要求各省增設中學校。省立中學校的建立和營運，由省級財政盈餘負擔。倘若各縣依照法令規定的數量已完成小學校之設置，在財力有餘的情況下，得單獨或聯合設立名為縣立中學校的機構，以便與省立中學校有所區隔。個人或團體也可設立中學校，稱私立中學校。無論如何，唯有教育部長許可後，方得設立、變更或廢止任何中學校。中學校教師從教師資格檢定委員會認可具備合格條件的人員中選聘[10]。中學校校長與教師之薪俸，由省行政主管依據教育部訂定之標準決定。中學校學費由校長依據教育部訂定之標準決定。假使出於特殊原因，要減免或免除學費，必須先獲得省級機關之許可。私立中學校學費由學校設立人決定，不過仍需向省行政主管報告。

9【譯者注】本注解之英文版原文直譯作：「辛亥革命之前，以男子中學為範本而設的女子中學就已經存在了。」這裡所指的應該是私人設立的女子中學校。

10此規定的執行日期由另一項法令訂定之。參見《教育法令》，第13期，第15款，西元1912年9月28日。

三、大學

大學的目的為授予進階學問，以期為國家培養碩學閎材。此時大學的組織與辛亥革命前舊制的大學有所不同，新制撤銷了經學院，所以原先設有的八個學院改為七個。新制的七個學院：文科、理科、法科、商科、醫科、農科和工科。預科分為三部：第一部為文科、法科、商科學院之預科；第二部為理科、工科、農科、醫科學院之藥學門的預科；第三部醫科學院之醫學門的預科。大學畢業後的學士後研究，與舊制中通儒院之五年修業期不同，不設年限。

大學預科修業期為三年，預科之各部科目如下：

第一部的科目：外國語文、文學、歷史、邏輯學、心理學、法學通論。選修科目：依據將來選擇的學院，可選修政治經濟學、數學、物理等科。

第二部的科目：外國語文、文學、數學、物理、化學、地質學、礦物學、製圖。選修科目：依據將來選擇的學院，可選修動物學、植物學及測量學等科。

第三部的科目：外國語文、文學、拉丁文、數學、物理、化學、動物學、植物學。

無論讀的是大學預科哪一部，都要學兩種外國語。將來要選擇農科、工科或醫科學院的人，必修德語。

大學各學院的學程如下：

‧文科學院

1. 哲學：中國哲學與西洋哲學。

2. 文學：中國文學、梵文文學、英國文學、法國文學、德國文學、俄國文學、義大利文學、語言文獻學。

3. 歷史：中國史與東方通史、西洋史。

4. 地理。

・理科學院

1.數學；2. 天文學；3. 理論物理學；4. 實驗物理學；5. 化學；

6.動物學；7. 植物學；8. 地質學；9. 礦物學。

・法科學院

1.法學；2. 政治學；3. 政治經濟學。

・商科學院

1.銀行學；2. 保險學；3. 國際貿易學；4. 領事學；5. 海關學；

6. 國際法學。

・醫科學院

1.醫學；2. 藥學。

・農科學院：

1.農學；2. 農藝化學；3. 森林學；4. 獸醫學。

・工科學院

1.建材學；2. 機械學；3. 輪機學；4. 造船學；5. 軍事科學；6.
電氣工學；7. 建築學；8. 應用化學；9. 火藥學門；10. 採礦
學；11. 鑄刻學。

當時政府計畫分別在南京、武昌、廣東創立三所新的大學。同
時，北京大學也進行改組，所以全國共設有四所國立大學。

四、專門學校

專門學校的宗旨為養成專職人才。中央政府、各省當局或私人機
構都可設立專門學校。中學校畢業生或有同等學力者，都有機會就

讀。專門學校之分類如下：1. 法律；2. 醫學；3. 藥學；4. 農業；5. 商業；6. 商船；7. 美術；8. 音樂；9. 工學；10. 外國語。

五、師範學校

師範學校分為下列幾種：男子師範學校、女子師範學校，以及高等師範學校。師範學校的目標，是培養小學校的教師；至於高等師範學校的目標，則是培養中學校與師範學校的教師。師範學校也和中學校一樣，由各省設立。各省行政主管自行定奪其轄省內所需之師範學校的數量與設置地點，向教育部長呈報後，依規劃設立。各縣基於特別的理由，透過省主管機關取得教育部之同意，得設置縣立師範學校。兩個以上的縣也可聯合設立師範學校。此外，個人或團體透過省主管機關取得教育部之同意，亦可設立師範學校。至於高等師範學校為國立教育機構，由中央政府設立。由教育部長考慮國家整體之需要後，再決定設校地點及數量，依規劃設立高等師範學校。

師範學校的經費從省級財政盈餘負擔，至於各省之高等師範學校，則由國庫支付其開銷[11]。師範學校校長、教師的俸給表由省行政主管依據教育部所定標準決定[12]。無論是師範學校或高等師範學校的學生，一律免繳學費。同時，學校還會發給每位學生足以支付在校開銷的零用金。不過，政府允許師範學校招收自願自費的學生。

每一所師範學校皆應設置附屬小學校，而高等師範學校則應設置一所附屬小學校與一所附屬中學校。如果是女子師範學校、女子高等

---

11 此規定的執行日期尚待教育部決定。參見《教育法令》第14期，第12款，西元1912年9月28日。

12 同注11。

師範學校，除了應設的附屬小學及附屬女子中學校外，還應設置附屬蒙養園。在特殊情況下，師範學校亦可為具備小學教師資格的人辦理師資訓練。如果是女子師範學校，也可為想成為蒙養園老師的人提供實習教學。高等師範學校與女子高等師範學校，都可自行編制專門學程以及與調查研究工作相關的學程。

只有被教員檢定委員會認為具備合格條件的人，才能在師範學校任教。此一規定的執行日期，則有待教育部決定。

六、實業學校

實業學校的目標，就是傳授農業、工藝、商業必需之知識與技能。實業學校分甲、乙兩種，前者實施的是完整的普通實業教育，後者實施的是基礎的普通實業教育，或是依當地環境需求的特殊工藝技術。實業學校的種類包括農業學校、工業學校、商業學校、實業補習學校等。至於藝徒學校，則可視為乙種工業學校，也可當成工業補習學校。跟男子職業學校類似的女子職業學校，可視當地條件允許，依法設立。

甲種實業學校由各省行政主管設置；乙種實業學校則由縣、城、鎮、鄉或農工商會設立，不過，如果地方條件許可，這些單位也能設立甲種實業學校。各省及各縣設立實業學校的地點，分別由省行政主管及縣府官員決定。實業學校根據經費來源命名，例如省立實業學校、縣立實業學校等，以此類推。設立、變更或廢止省立實業學校，應呈報教育部長；但如果是設立、變更或廢止縣立實業學校，則需經由省行政主管同意，而後再轉報教育部長。如果是實業補習學校的話，有設立、變更或廢止之情事，只需呈報省行政主管即可。如果地

方條件允許，實業學校可以不收學費。

新的課程規劃

　　既然修訂了學制，當然也就一併訂定新的課程規劃。新的課程規劃，比起辛亥革命之前的舊制版本有許多大差別。以下我們要簡單審查小學校、中學校和師範學校的課程規劃，舉出一些比較重要的改變。

一、小學課程規劃

　　初等小學的修業期仍為四年。必修科目為：倫理道德、國語、算術、勞作、畫畫、歌唱、體育。如果迫於現實條件不足時，最後三科中可擇一或數科，暫停授課。女子課程加開縫紉一科。跟舊制課程相比，新的初等小學課程有諸多不同之處。舊制課程中的古籍經典、歷史、地理與自然科學都遭到刪除。勞作課不再是選修，而是必修。第一年每週授課時數從24小時減為22小時，第二年每週授課時數從24小時增加到26小時。至於第三年與第四年的每週授課時數，男子從30小時減為28小時，女子則由30小時減到29小時[13]。

　　高等小學的修業期從四年減為三年。必修科目為：倫理道德、國語、算術、本國歷史、地理、自然科學、勞作、畫畫、歌唱、體育。男子課程加開農業一科，女子課程則加開縫紉一科。視當地需要，可不開設農業課，或改為商業課，並且可加開英語課。如果迫於現實條

─────────────

13 初等小學的完整課程，詳見本書附錄表1。

件不足時，勞作、歌唱兩科，可暫停授課，同時英語課可改為別種外國語。小學校可開設補習科。若有孩童因身體原因無法修習某一門科目，可准予免修。取得當地行政首長許可之後，得增減課程規劃以因應當地狀況。很難讓人不注意的是，新制高等小學課程裡，刪除了舊制當中佔去總授課時數三分之一的古籍經典課。另一個顯著的改變則是每週授課時數的減少。新制高等小學課程將舊制每週36小時的授課時數，減為第一年30小時，至於第二年與第三年，男子減為30小時，女子則減為32小時[14]。

二、男子中學課程規劃

中學校的修業期從五年減為四年。西元1909年制訂的中學校文、實兩學程制，改為單一學程。由於中等教育的現代趨勢是提供多元學程以因應學生的不同需求。因此，我們不得不認為單一學程的改變，是倒退了一步。中學校的新課程規劃，開設下列的科目：倫理道德、國語文、外國語、歷史、地理、數學、自然科學、物理、化學、公民、經濟、畫畫、工藝、音樂、體育。這份科目表與革命前的相比，不同之處在於古籍經典不復存在，另加了工藝課，這點表示了實務科目已打敗語文類或古籍類科目。每週授課時數由原來的36小時，減為第一年33小時，第二年34小時，第三年與第四年則減為35小時[15]。在特殊情況下，男子或女子中學校的校長，得於各學年增減特定科目的授課時數，惟每週授課時數不得少於32小時，亦不可多

---

14 高等小學的完整課程，詳見本書附錄表2

15 男子中學的完整課程，詳見本書附錄表3。

於36小時。

三、女子中學課程規劃

在女子中學校，學生必修家事、園藝與縫紉，不過園藝課可開可不開。標準外國語課教授的是英語，但在特定情況下，可用下列外國語之一取代：法語、德語、俄語。第一年每週授課時數為32小時，第二年33小時，第三年與第四年為34小時。比起男子中學，女子中學每學年每週授課時數都少1小時[16]。

四、男子師範學校課程規劃[17]

男子師範學校的新課程規劃分為兩個學程。第一學程的修業期包含一年預科，和三年的正規課程；第二學程的修業期則為一年。男子師範學校的第一學程必修科目如下：倫理道德、教育學、國語文、寫作、英語、歷史、地理、數學、自然科學、物理化學、公民經濟、畫畫、工藝、農業、音樂、體育。這份科目表與舊制的相比，不同之處在於沒有了中國古籍經典，另外加了英語、公民經濟、工藝、農業，以及音樂。此外，舊制每週授課時數36小時的規劃，已被新制取代：第一學程的預科每週授課時數為32小時，正規課程的第一年則為33小時，其餘三年都是35小時。第二學程的科目如下：倫理道德、教育學、國語文、數學、自然科學、物理化學、畫畫、工藝、農

16女子中學的完整課程，詳見本書附錄表4。
17男子師範學校的完整課程，詳見本書附錄表5與6。

業、音樂、體育。該學程每週授課時數為35小時。

五、女子師範學校課程規劃[18]

女子師範學校課程規劃，就其分為兩學程與修業期這個部分而言，跟男子師範學校相仿。第一學程的修業期包含一年預科，和三年的正規課程；第二學程的修業期則為一年。女子師範學校第一學程所學科目與男子師範學校不同的是，刪除農業課，另加上家事、園藝與縫紉。不過，相較之下，其每週授課時數稍多，第一學程的預科每週授課時數為33小時，正規課程的第一年為35小時，其餘三年都是36小時。英語這一科每週授課時數為3小時，然而如果條件不允許，得予刪除。在這個狀況下，每週授課時數就比男子師範學校少，預科變為30小時，正規課程第一年32小時，其餘三年都為33小時。女子師範學校第二學程課程規劃與男子師範學校的第二學程一樣，唯有兩個例外：其一是以縫紉課替代農業課，其二則是每週授課時數為34小時，而男子師範學校則是35小時。

六、高等師範學校課程規劃

高等師範學校課程規劃分成預科學程、正規學程和研究學程三種。這三者的修業期分別為預科學程一年、正規學程三年、研究學程為一或二年。預科學程的科目如下：倫理道德、國語文、英語、數學、畫畫、歌唱、體育。正規學程又分為六部：國語文部、英語部、

---

18 女子師範學校的完整課程，詳見本書附錄表7與8。

史地部、數理部、理化部、自然科學部。正規學程的各部，自有自的修習科目，但共同必修為：倫理道德、心理學、教育學、英語、體育。研究學程要求學生從正規學程各部所學的科目中，選擇二或三科，進行深入研究。高等師範學校還可以開設專修學程和選修學程，兩者之修業期都為二年或三年。高等師範學校開設的學程與其修課總表由各校校長訂定，但須呈報教育部長。跟其他各級學校一樣，我們很難不注意到，新制高等師範學校課程規劃，少了古籍經典的必修課，取而代之的是其他科目。

七、小結

檢視完新的課程規劃後，我們可以從三個方面來談談其中的改變：刪除古籍經典、加入具有社會和實業意義的新科目、減輕過重的課程負擔。第一個改變是，大大地減少了原本花在中國文學課的授課時間。因此，空出的時段可以用來開設需要使用實驗室或邊做邊學的西學科目。第二個改變是，讓政府得以更適當地調整學校課程以因應社會與實業上的需求，同時提供後起之世代一個接受感官訓練的機會，讓他們透過工藝、畫畫、家政、農業類課程取得專業技能。最後一個改變是，使得課程規劃不再流於表面功夫，還可以防止學生過勞。毫無疑問地，這三種方向正確的改變，合乎現代教育進步的概念，值得鼓勵。

公布新規程

就本質而言，新學制的修訂十分完善，我們可以進一步從民國初

始一兩年內實施的一整套新規程得到驗證。這套指導各級學校的新規程，包含了各種新法令和規範，包括有：學校制服、學校典禮、學生的轉學事宜、學校行政管理、學年、學期與休假、各項學費、學校紀錄、教科書等。為了完整一窺新學制的風貌，我們挑出幾項比較重要的規程，概述如下。

一、學校行政管理[19]

就精神層面而言，學校的行政管理，恰恰反映了政府的行政管理。在專制君主時代，學部負責逐項逐條地仔細制訂管理學校的規則，再專橫地要求學校當局實施。自從民國政府建立後，便採取了比較民主的精神與政策。管理學校以及學生生活的詳細辦法，由各校校長依據學校類型和當地狀況來制訂。不過，國立學校制訂之章程須呈報教育部長，而地方公、私立學校則須呈報地方主管機關。教育部現在只需要制訂一份所有學校都得遵守的總則即可。但到目前為止，官方尚未訂出辦法規範學生參與學校管理，只有一項實施的條文提及，若學生要針對學校教育與管理方面提出建議，得透過書面方式或親自向學校當局口頭反應。另一方面，學生倒是可以組織像遊藝、音樂、體育等有益身心的社團，但必須經校長允許，並由學校主管單位監督指導。另外，政府制訂了一項條文以確保學生遵守學規，當中明訂若學生因違反校規遭致開除，在其未提供適當的悔改保證前，不得轉至他校就讀。

---

19 參見《教育法令》第3期，西元1912年。

二、新制下的學年、學期及休假[20]

民國採用陽曆，於是政府自然不得不制訂新的校曆，避免無法協調一致。從 8 月 1 日開始，到隔年 7 月 31 日結束的新制學年，分為三個學期；第一學期自 8 月 1 日起至 12 月 31 日止；第二學期自 1 月 1 日起至 3 月 31 日止；第三學期自 4 月 1 日起至 7 月 31 日止。暑假不得少於 30 天或超過 50 天。不過這個規定，不適用於大學與高級專科學校。各校依據當地的氣候條件，經審慎評估後，自行訂定假期時間。新年休假期間為 7 天到 14 天之間。春假則固定為 7 天，從 4 月 1 日開始到 4 月 7 日為止。農村地區的小學校，可自由縮短新年假期和暑假，並於春耕、秋收期間放假。如果因為這個理由，他們必須於夏天上課，那麼一定要縮短在校時間。位處極為寒冷地區的各級學校，得放寒假，並且縮短暑假和春假。星期日和紀念日，學校不上課[21]。

三、各項學費[22]

依照教育部設定的學費標準，初等小學校免收學費，但在特別情況下，每月得收 3 角以下的費用。我們要先說明，中國的銀元對美金的匯率與墨西哥幣值差不多，1 銀元的大約是 0.5 美元。高等小學收取的學費每月不得超過 1 元；小學校附設補習科每月學費不得超過 6 角。乙種實業學校每月收取之學費不得超過 6 角。中學每月收取學費

---

20 參見《教育法令》第 6 期，西元 1912 年 9 月 3 日。

21 這裡的紀念日包含開國紀念日、孔子誕辰、校慶，以及任何在地之紀念日。出處同注 20。

22《教育法令》第 15 期，西元 1913 年。

1元至2元；甲種實業學校每月收取之學費在8角至1元5角之間。專門學校每月學費在2元至2元5角之間。大學學費每月3元。師範學校和高等師範學校都免收學生學費，不過，學生入學時需繳交10元以內的保證金，畢業時退還。初等小學校、高等小學校以及乙種實業學校，按月收學費；而中學校、甲種實業學校、高等專門學校以及大學，按學期收學費。在地方政府或教育部長的同意之下，各校主管機關有權部分或全額免除清寒學生與優異學生之學費，也有權調整學費收取標準。

四、學校紀錄

中央規定各級學校針對每一位學生，至少要有兩種考查紀錄表：一為學生操行成績考查表，二為學生學業成績考查表。學生的操行成績，以甲乙丙丁四個等級記錄之。學生操行成績在丙等以上者，視為及格。至於操行成績甲等的學生，得由校長發給獎狀。學校在決定學生能否升級或給予畢業時，都會將操行成績與學業成績納入考量。學業成績低於及格0.1分，但操行成績為甲等或乙等者，准予升級或畢業。另一方面，若學生學業成績勉強及格，但操行成績為丁等者[23]，則無法升級或畢業。不過，這些是否讓學生升級或畢業的特別情況，都必須於教師會議上討論，再由校長核准。專門學校學生操行成績考查規範，得由校長根據當地情況特別規定。

學業成績考查表分為平時成績考查表與考試成績考查表。平時成

---

23 【譯者注】此處英文原版直譯為「操行成績勉強及格，但學業成績為丁等者」，但依上下文意，並參考1916年商務印書館版的翻譯，判斷應為作者筆誤。故更正之。

績根據的是學生學習的認真程度和作業的品質。至於考試成績，分為三類：學期考試、學年考試、畢業考試。此外，還有入學考試、升級考試、招生考試以及轉學考試。評定學業成績，也用甲乙丙丁四個等級：80分以上為甲等，70分以上、未滿80分為乙等，60分以上、未滿70分為丙等，不到60分為丁等。丙等以上為及格，丁等為不及格。及格的學生就能升級或畢業，不及格的學生則須留級。留級兩次者，勒令退學。至於如何計算或評定學生的學期、學年，以及畢業成績，教育部會制訂詳細的辦法。

五、審定教科書

在新制之下，教科書和教師手冊的編輯與出版，全由私人機構負責。不過，和前清時期一樣，所有的書都得經過教育部的核准，才能作為學校之用。各省設有教科圖書審查會，負責從教育部審定合格的圖書目錄中，選擇適宜各省狀況的教科書，並推薦各學校主管機關採用。政府已經頒布如何審定教科書與組織各省教科圖書審查會的細部規程，現正迅速實施當中[24]。

---

24 欲知更詳細的內容，可參見《教育法令》第9期和第10期，西元1912年。

第七章　現今國民教育的重大議題

　　我們前面已討論中國教育制度起源、發展與復興等問題，而由此引發出後續一連串極為重要的問題。這些問題的成因，林林總總，彼此間的關係又十分複雜，要想提出快速有效的解決方法並不容易。儘管如此，我們可以從手邊掌握的豐富資料，選出幾個比較重要的問題，提出可能的解決之道。

教會教育與公共教育制度的關係

　　中國教育事業跟天主教、基督教等西方教會的辦學關係，是一個日漸重要的問題。教會辦學的動機，主要是傳福音與做慈善。原先克難簡陋的辦學工作，時至近年，其規模與性質都達到高度發展。教會辦學對於中國新式教育的進展，影響可觀。西元1912年，在中國各地基督教耶穌教會所設立的學校，就有小學3,708間，在學學生86,241人；中學與高中共5,537所，在學學生31,384人[1]。大約有30所對外稱為學院的高等教育機構，當中有9所甚至直接命名為大學。雖然我們沒有天主教教會辦學的統計資料，但就一般認知而言，他們的辦學工作相較於基督教耶穌教會發展較慢。天主教設立的學校有幾

---

1 《中國基督教年鑑》，西元1912年。【校訂按】《中國基督教年鑑》是每一年度中國基督教各地教會動態及各項事務的彙編，由季理斐（MacGillivray）等人主編，自1910年起逐年出版，其中1910-1926年間英文名為 *The China Mission Year Book*（《中國傳教使團年鑑》），1927-1939年間名為 *The China Christian Year Book*。

類：一為祈禱學校，教導兒童信徒讀書識字；二為縉紳信徒學校，訓練傳道師和社經地位較高的信徒；三為神學院，培養華人神職人員；四為女修道院，培養修女。某些教會培養出的菁英信徒，也為教會開辦一些學院機構，由修士團直接指導。幾年前，有兩所天主教教會在上海設立的姊妹校大學，一所為震旦學院，另一所為徐匯公學[2]。天主教會與基督教會相加起來的教育事業有多大，沒有統計資料可做參考，我們唯一知道的是，中國的教會學校在學學生粗估有十萬人左右[3]。

中國百姓強烈渴求現代教育，政府當局也認真的在全國推廣現代教育，而這些作法開始從各方面對教會興辦教育產生影響。最起碼在中國辦學的教會，成功說服了各個教會團體與其母國的海外傳教會，重新省思他們的教育政策，進而鞏固他們的對華辦學工作。因此，各種教育組織、考察團，還有委員會等接續成立，而且教會興辦學校的議題，在過去數年間舉辦的重要宗教會議上都受到特別關注。相關單位不但更明確地界定出教會教育的宗旨，指出教會教育的成果、缺失，以及失敗的原因。同時，他們還大力鼓吹教會採取各方建議，以滿足新的需求[4]。因此，為了因應一些當務之急，教會團體採取了某些手段。例如：不同教派要能彼此結盟相互合作以推動教育工作、各

---

2 *The Chinese Recorder*, October, 1913, pp. 624-625. 【校訂按】此刊中文譯名為《教務雜誌》，是19–20世紀在動盪中國出版的英文刊物中持續時間最長者，直至1941年因太平洋戰爭爆發才停刊。此刊物創辦之初乃為提供來華宣教士一個交換訊息的平台，以協助彼此對中國文化的了解與工作推行。此刊保留相當多寶貴資料，是研究中國近代史不可或缺的重要史料。參見2012年2月由臺北：國立臺灣大學出版中心與基督教與中國研究中心合作出版 *The Chinese Recorder and Missionary Journal* 簡介說明。

3 *The International Review of Missions*, October, 1912, p. 587. 【校訂按】應指《國際宣教評論》專刊。

4 Cf. Report on Christian Education, American-Canadian Commission; *Christian Education: World Missionary Conference*, Vol III.

級學校教育工作須統一化與標準化、避免競爭與工作內容重疊而造成的資源浪費、招募更優良的教師和其他教育專家……等。

如此一來，我們不禁要問：面對整頓下愈發鞏固的教會教育，中國政府應該抱持什麼樣的態度？清朝時期，畢業於教會學校的學生無權接受功名與政府官銜，就連政府都不要求教會學校必須登記註冊。當時各省選舉諮議局代表時，只有某些階級的人有參政權──官辦學校的畢業生有權，而教會學校的畢業生則無。這樣的差別待遇，並不是出於部分人士口中的仇外或是反基督情節，而是因為政府希望保護現代教育運動的民族性。然而在民國建立後，此一現象有了全然的改變。只不過到目前為止，新政府對於訂定教會教育和政府體系的關係，尚未採取明確的措施。即便如此，根據資料顯示，教育部於西元1912年就已派遣特使到日本研究該國認證教會學校的方法。

我們至少可以從三個層面考量目前所面臨的問題：第一，政府應採取何種認證與管理制度；第二，教會組織對這樣的制度抱持什麼態度；最後，採取這種制度對政府國家有何好處。在認證與管理制度方面，我們可借鏡日本與印度的情況，幫助自己釐清解決方法。日本教會學校與政府的關係分為三種[5]。在第一種關係下，教會學校只需要政府許可，來執行某種教育工作。這完全不涉及任何對學校的規範與考察，對於學校安排宗教課程當然也不設限。在第二種關係下，政府認可教會學校，視其提供之教育等同於某種官辦教育。言下之意，這類學校享有某些特權，但也必須符合政府的某些要求，同時享有完全的宗教自由。所謂的特權主要有下列幾點：教會學校學生得以緩徵、

---

5 *The Chinese Recorder*, September, 1912, pp. 525-528.【校訂按】參見《教務雜誌》，1912年9月，頁525-528。

畢業生得以升入官辦學校、教會學校與官辦中學學生得以相互轉出或轉入就讀、學生畢業後服一年的義務兵役。至於伴隨特權而來的要求，主要指的是：教會學校的課程規劃大致上必須符合官辦中學校的課程規劃要求、去除假日與考試日之外，每年必須授課220天、必須留存某些考卷和紀錄表冊以供政府備查、製作報告、具教師資格證的師資必須符合一定比例、校舍與校地比須符合某些規定、必須隨時接受政府視查學校事務。在第三種關係下，教會學校與官辦學校相同，均受到政府認可，視其為政府體系的一部分，享有完整的權利，但也得配合所有的義務。一般大眾認為第三種關係下的教會學校，較具威信，這是第二種關係下的學校不具備的優勢。只不過在第三種關係下，教會學校必須遵守政府規定，不准設立宗教課程與進行宗教儀式。然而，對於禁設宗教課程，執行上寬嚴不一，端視各地官員態度而異。大多數的教會學校，無論是在校舍內外，每天還是可以於某個時段開設自願參加的宗教課程。

印度的教育體制[6]，也包含接受政府補助的私人教育機構。如果教會學校辦學有力，政府並不干涉其開設宗教課程。這種情況，可見於西元1854年的一份教育公報。該公報中載明，政府定期的視學報告可以決定是否繼續補助該教會學校及其補助金額之多寡。政府的定期視學，完全不在意教會學校教的宗教經義；視學的內容，僅限於教會學校傳授宗教之外普通知識的辦學績效，以便提供政府提撥經費補助的參考依據。

依照目前中國的狀況，政府可能採納的認證制度，會以學校辦學

---

6 *The International Review of Missions*, July, 1912, pp. 393-411.【校訂按】《國際宣教評論》專刊。

是否符合某種標準為考量，而不考慮任何跟宗教課程相關的事務。這個方案和某些教會組織所表達的觀點不謀而合。整體而言，教會團體會覺得這種作法符合公平正義。誠然，部分教會認為，日本現行的第三種認證制度具體可行，其實也不錯；據傳這類教會學校，可以招收到比較優秀的學生，而且當校方不再強迫學生出席宗教課程，學生反而樂意自願聆聽佈道，全心學習。這麼一來，即使佈道成效不如以往，但最起碼這樣的成效真實不造作，不是刻意捏造出來的。從日本的經驗可以看出，由於教會學校不一定要透過教室講道，也能輕易保有其宗教性質，所以第三種認證制度，不會干擾教會學校的宗教影響力。此外，這個認證制度帶來的好處，遠遠超過它可能造成的壞處，例如：提升效率、提高大眾信心、增進推行基督教教育的機會[7]。

　　看完日本和印度的經驗，再就中國的教育現狀來考量，中國政府是該採取一套認證管理教會教育的制度了。這個作法在很多方面都是對中國有利的。一旦建立了這樣的制度，政府便有權合法管理監督教會的辦學工作，就像政府控管全國的私立教育機構一樣。透過這樣的管理，政府可以利用宗教團體開辦的學校和學院，彌補不久後將會因財政吃緊而遭到重創的國家教育工作。這個管理制度也給政府帶來一個機會：讓當局好好省思，教會學校提供的不只是教育；教會學校教育出來的學生，不是適應不良的新品種，也不是受環境所逼的行屍走肉，而是與自己國家思想情感一致的畢業生，徹頭徹尾的中國人[8]。

---

7 *Christian Education: World Missionary Conference*, Vol. III.

8 某些傳教士和中國人宣稱，部分教會學校傾向去中國化，也以此思維來教育學生。根據李提摩太牧師的說法，中學校高度西化的程度，足以使學生在思維與習慣上，幾乎如同外國人，大大的與本國人的思想與情感脫節。Cf. *Christian Education: World Missionary Conference*, Vol. III. *The Chinese Recorder*, January 1910, pp. 51-52.

教育與品德培養

　　中國現今最為重要的教育問題，在於如何利用學校來培養民國成立後年輕世代學子們的品德。在舊的教育制度中，經學是學校課程規劃的重心。中國傳統經學典籍，蘊藏了人類高尚的情操與思想，論述主題又多與修身、齊家和治國有關。因此，以經學內容自我修為的教育，就本質上而言，非常趨近道德教育。長久以來，就是這種自我修為的教育在中國人身上培養出良善與安穩的特質，造就中國文明的豐富內涵與歷久不墜的實力。隨著傳統教育體制的瓦解，政府將西學新科目納入學校課程規劃，舊式經學教育及其道德教義，即便未遭到全然揚棄，也無法再像從前一樣具備強大的影響力。目睹當前道德危機、牽掛傳統道德理想的人，一直在問：「將來的道德從何而來？」當前，我們能否在不牴觸現代知識需求的情況下，保有一種道德觀──讓它跟存在於傳統制度下的道德標準一樣崇高，更因西方文明的道德基礎，琢磨得越加深刻、益發廣博？有些比較保守的思想家，憂心難抑，以致鼓吹我們走回老路，恢復經學教育在學校裡的至高地位。所幸，還是有人眼光夠遠，深知舊制無法復興，但新的教育制度有著諸多可能，倘若好好利用，將可創造出無遠弗屆的道德影響力。

　　即便在新舊過渡時期，也曾有人主張在課程規劃裡，給道德教育安上一個重要的位置。當時有一系列道德教育的教科書出版，而且被普遍採用。這些書籍不僅改善了傳統記誦教學法，同時還透過適合學生程度的插圖與寓言故事，教育孩童向孔子的「君子」理想看齊。雖然，這些書籍也有部分內容與編排上的缺點，但就整體而言，這些書適其所用，且令人激賞。

　　隨著民國建立，新紀元露出曙光，在新學制裡重新強調了德育的

重要性。我們前面已經談過，依據教育部法令，新式教育制度的主要目標就是培養道德，道德教育在學校課程規劃仍佔有重要地位。袁世凱總統在就職演說中，反覆強調了「道德」觀念。他所理解的道德包括「忠信篤敬」[9]。中國統治者為了維持道德理想，將道德作為教育的終極目標，並將道德教育列為專訂科目。這個重新下的決心，實屬萬民之福，也必定能為中國謀最大福祉。

然而我們必須注意到的是，道德培養不應該只侷限於課程中道德倫理科的制式教育。其他科目也可以用來有效加深、提升道德教育所強調的情操與感動。如果中國文學中小說、傳奇、傳記與詩詞，不僅以知識傳授為目的，還能觸動學生情感、引導學生領會理想的品格、行為與至高目標，那麼，文學對培養學生的道德生活而言，可能是最有價值的知識。同樣的，歷史提供了豐富的機會，讓我們細細品味周遭人類事件的動機和抱負，同時了解培養品格的各種要素。如此一來，歷史老師和國文老師便能舉出許多例子，填滿學生的心靈，讓他們從中受到感化，明白何謂正確的思想和行為準則。不過，能發揮道德影響力的不只是歷史和文學。如果我們能將道德理想滲透到學校教育之中，每一門科目在培養學生品德的過程必定都能發揮作用。

要養成一個孩子的良好品格，光是三令五申地復誦正確行為準則，或是不斷地諄諄教誨，絕對是不夠的。一般認為，感知式的道德意義不大，我們不能把道德當作與真實生活脫軌的抽象概念來教育小

---

9 欲了解道德的四個組成部分，參見《袁世凱就職演說》，*Journal of the American Asiatic Association*, Vol. XIII, No. 11, pp. 327-328. 【校訂按】此段文字在1916年商務印書館譯本被刪去。今依英文原版保留。另補注如下。1913年袁世凱大總統就職演說：「……余之所以告國民者，此其大略也，而又重言以申明者，仍不外道德二字。道德範圍廣大，聖賢千萬語而不能盡其詞。余所能領會者，約言之，則忠信篤敬而已……」參見徐有朋編，《袁大總統書牘彙編‧卷首》，1914年，廣益書局，頁5-11。

孩。如果中國要完成預期的教育任務，當局一定要再三強調，好好利用其他相對有效的品格養成要素。影響學生品格的強而有力的要素之一，就是教師的人格。根據經驗，學生若能看著睿智、寬容、剛正不阿的教師，時時在他們面前保持一個理想的自我，並且導引他們實現理想自我，這樣天天看著老師的身教，潛移默化，受其啟發，自己的品格便得所修正。讓學生主動起而模仿，比起教育他們被動感受要來得有用多了。另一個品格養成的要素，就是學生的天性與本能。有智慧的老師會確保學生從良好行為和習慣的養成過程中，表現出他們的天性和本能，讓這些行為和習慣成為孩童永久品格的一部分。事實表明，直接談道德教義、英雄事蹟或那些撼動心靈的文學作品，對於建立學生道德品格的效果不大。除非我們從孩童小時候開始便培養其明辨是非、善小而為、同理憐憫等觀念，並且教育他們將思想與情感化為行止，再內化成自己的一部分。我們要知道，道德教育不是知而後行，而是知行合一。中國教育專家們肯定明白，在此所提的品格養成要素，意義重大。假以時日，他們會確保所有學校都能夠提供孩童展現良善天性與本能的各種機會。為此，雖然教育當局的方向正確，已經開始鼓勵學校舉辦具有社交意義的體能運動和各類學校活動，以提供孩童展現天性本能的機會。但是，政府應當加倍努力，說明清楚這些活動，如何能養成學生良好習慣與品格，並再三強調其重要性。

校紀與管理

談及中國現代教育制度中飽受最多批評的部分，就是校紀與管理制度。新式教育制度實行幾年下來，我們看到了學生展現的獨立精神，卻又桀驁不馴的現象。各種校園暴動衝突、學生示威遊行，有如

家常便飯。學生們這種無畏的反骨傾向，一部分是因為他們曲解了自由與平等的概念，一部分則是因為學生組成特殊，有些同學年紀比較大、想法也比較前衛。這樣的人到校求學時，多少已經帶有定見，他們抱持著某種自尊心，痛恨任何侵犯了他們的自由，或是有損他們尊嚴的事情。而且，中國學生自成士子階級，一直以來都非常有民族意識，亟欲有所作為——這一點，也是另一個造成學生作亂的原因。他們出於愛國情操，一碰到政治危機就舉辦群眾集會，討論因應狀況的方法與手段。有時候，他們會致電政府當局，提供如何解決某種國家問題的意見，甚至不惜糾眾抗議政府的作為。想當然耳，行政當局不鼓勵這樣的行為，在企圖壓制這些群情爆發的過程中，將衍生許多糾紛，麻煩也會接踵而至。

這樣的情況多少導致學校紀律不顯，但在許多時候，與其說問題的根源出在學生身上，不如說學校人員行政能力不足，缺乏管理經驗，又或者基於個人或其他因素，不願使用有效的方法去處理這種棘手的情況。

此外，學校教師經常也是問題的根源之一。許多舊制學院出身的教師，在處理學生問題時就表現出不認同的態度。他們太過傲慢自恃，濫用權威，恣意踐踏學生的看法。另一方面，也有教師因為怠忽職守，疏於建立與維護紀律。一言以蔽之，很多老師在思想和精神層面，根本都沒有做好任教的準備。

然而，現在的校園紀律問題並不會比過去更為嚴重。在本質上，目前校紀問題是暫時性的。當大環境進行調整，新關係正待建立時，新舊教育處在過渡轉換時期，暫時性的校紀問題才會存在。過去幾年來，此一情況已經大為好轉。比起五年前的學生，現今的學生要好得多。不僅教育機構有紀律變好的現象，連學生對自由與平等的錯誤認

知，也好像急速消失當中。談到政治議題，學生不再傾向要求政府必須對他們言聽計從。他們也開始明白，自己畢竟是學生，是羽翼未豐的國民，就實務政治方面還沒有足夠的經驗去大聲疾呼。這個好轉現象，大概可歸功於兩項因素：首先，奉命管理學校的人員，在職務上有了更大的權力；其次，這些年來有一批素質更好的教師和行政人員進入各校，他們不僅專研教育多年，也懷抱著更真誠高尚的人生目標。我們因此有充分理由相信，學生紀律的問題遲早會獲得解決。

同時，為了根絕日後可能產生的麻煩，有幾點基本措施必須好好處理。首先，政府派任校長人選必須格外謹慎，唯有兼具行政能力與堅強性格的人才能擔任校長。而校長也理當享有隨其職務而來的一切權力，以便管理校園。其次，我們要培養更好的教師，借重他們的服務。再者，如果校園活動能有助於學生培養自制力的美德以及守秩序的習慣，那麼這類的活動學校應該加強辦理。當然，也不能忘了最重要的事——我們除了促進教職員和高層當局之間的良好合作關係，也應當促進學生與學校官員的合作關係。在校園中全面地推行學生自治制度，讓學生有機會參與所有影響學校制度與管理的事務。不過，推行此法得格外謹慎，切勿驟然行事。從美國的經驗得知，以自治制度來補救學校敗壞的紀律或不當的管理，通常是落得失敗的下場[10]。因為突然移除了外在的控制管束，而學校又沒有做好自治的準備，收放之間的力道一有閃失，災難便隨之而來。這說明了為何從完全的教師管控過渡為學生治理，一定得循序漸進，謹慎指導，才能避免變成無政府的放縱狀態。學校當局與學生是否能各自認清其發揮影響力的範圍，也是這種自治管理成敗與否的關鍵因素；學校當局應該了解他們

---

10 Dutton and Snedden, *Administration of Public Education in the United States*, p. 514.

自己的控制範疇，而學生們要願意尊重並服從教師與行政人員的合法權限。兩方面互相權量平衡，校園自治的制度才能順利推行。

新式教育制度的資金籌措

為新式教育制度籌措資金，一直是十分困難棘手的事。在舊制之下，只需要籌集足夠的錢，支付科舉考試制度和那些設立在大城的少數學院即可。改採現代教育制度之後，跟舊制教育經費不成比例的支出需求，與日俱增。為了執行新的教育政策，當局必須要建立校舍、購置桌椅，提供教材和教科書，聘僱具備足夠學經歷的教師等等。在過去舊制度下，政府所做的只是為少數人提供教育設施，但現在的教育規劃，以普及教育為目標。因此，要應付這因應教育政策改變，所帶來的龐大開支，幾乎是無法克服的難題。

任何與教育行政工作相關的人對政府即將啟動新制度的方法與手段，都會感到興趣。簡單來說，維護教育制度的經費是國家與省級政府預算編列的常規項目。用於教育的各種政府營收來源，項目繁多。西元1910年教育部的統計報告把這些營收來源分成下列各類：（1）公產收入；（2）儲蓄利息；（3）政府撥款；（4）公共基金；（5）學雜費；（6）強迫捐款；（7）自願捐款；（8）其他收入來源[11]。其中幾項經費的籌募方式，極其有趣，卻也教人同情。例如，很多舊制的書院改成了現代學校，我們先前看到作為來自宗教捐款、迎神賽會和宗族祠堂的錢，都變成辦學經費。有一段時間，佛寺和道觀被改成了學校，而寺廟的地產和收入款，也都挪為教育之用。雖然政府會

---

11 Paul S. Reinsch, *Intellectual and Political Currents in the Far East*, pp. 206-208.

表彰私人捐助辦學來鼓勵效法，但我們也常常看到私人主動捐助大額款項，卻不求表揚的情況。中國的黎民百姓，透過個人的偉大犧牲甚或殉難，表現出對教育的熱衷。這些以教育之名，犧牲小我的英雄故事，要是能集結成冊，想必令人動容。這同時也反映出中國人為追求理想志業，不惜犧牲小我，是一種令人感佩的奉獻精神。據傳有些省分為了籌措教育經費，甚至還提高了部分地方稅。不過，大致而言，這些賦稅都是小幅度增加。以湖南省[12]為例，省政府透過增加稅收的方式取得了可觀的盈餘，可以提供教育主管單位使用[13]。民國建立之後，藉由提高地方稅以供作教育經費的狀況愈見普遍，不過，時至今日都尚未發展出正式的徵稅制度。

想解決新式教育制度的資金籌措問題，就必須要解決另一個更重大的國家稅賦制度問題。中國的財務狀況一直到現在都讓人十分苦惱。滿清時期，財政往往由不肖官吏掌控，當時一波波資不抵債、經濟破產的惡潮席捲中國的市況，因此許多學院與學校之辦學工作無以為繼，只得面臨倒閉。隨後接踵而來的大小革命，也嚴重破壞了中國的財政。這一次次的革命，影響了政府財務收支的平衡，必須花上好幾年才可能恢復。根據估計，光是第一次革命，政府得擔負的額外支出和民間私人財損就高達2億3,000萬兩。何況，革命一旦發生，政府就會長達數月沒有稅收進帳[14]。這也難怪，接下來幾年政府必須內外舉債，面臨國家赤字嚴重。同時，由於政府稅收與地方稅收混淆，再加上中央與省府對稅務問題爭論不休，使得財務亂象，雪上加霜。

---

12 【校訂按】英文原版「the Province of Hunan」，應是指「湖南省」，2007年福建教育出版社譯本與1916年、2014年商務印書館版譯本，均譯作「河南省」，有誤。

13 《教育部統計報告》，西元1910年。

14 《中國年鑑》，西元1913年，第305頁。

地方政府有一搭沒一搭地向省政府繳納稅收，而省政府向中央政府繳納稅收時，則往往想方設法地盡量少繳。幸好，政府目前正努力重建中央和各省的財政制度，希望穩固中央與地方的財務基礎[15]。

　　然而，新式教育制度的資金籌措問題，仍然是中國尚未解決的問題之一。在這種狀況下，政府可立即採取以下兩種辦法：第一，避免所有不必要的開支，意即教育經費不能有半點濫用；跟教書無關的閒差處室必須減少，最好全部廢除；購置昂貴的設備前，要先確定師生會使用，否則不該浪費；蓋建校舍購置桌椅設備，不應鋪張，否則不予准許。第二，獎勵私人辦學。這意味著鼓勵私立學校的設置，透過授獎制度或其他辦法，鼓勵改制或改良舊制學校；當局對於西方教育人士在中國的耕耘，應當給予某種形式的表彰，並確保其辦學工作受到中國政府的控管。這麼一來，在中國改善好稅收制度與開發自然資源之前，這項財務缺口或許可以彌補起來。不過，無論如何我們都不該為了這個看似絕望的國家財務狀況感到氣餒。因為中國的自然資源，比起西方富裕國家毫不遜色，只是等待開發而已。袁世凱在就職演說中，將中國比喻是一個把財寶埋進地下卻一直抱怨自己太窮的有錢人[16]。根據他的說法，國家工業之所以尚未發展，是因為國家教育還在起步階段，同時也缺大筆資本。不過，隨著現代科學教育的發展和逐步的外資運用，我們可以合理期待，在十年之內中國財政狀況會

---

15 《民國西報》（*Republican Advocate*），第2卷第16期，第635頁；同見第1卷第27期，第1145頁。

16 【校訂按】即「譬諸富人藏窖，而日日憂貧」一語。1913年袁世凱大總統就職演說：「吾國天時地利，不讓諸強，徒以墾牧不講，工藝不良，礦產林漁，棄貨於地，無憑貿易，出口日減，譬諸富人藏窖，而日日憂貧。余願全國人民，注意實業，以期利用厚生，根本自固。」參見徐有朋編，《袁大總統書牘彙編‧卷首》，1914年，廣益書局，頁5-11。

大幅改善。

普及教育

　　西方教育家與政治家，把「不論階級都能受教育」的觀念當成教育理念的終極目標，然而中國統治者在傳統教育制度下，連想都沒想過什麼是普及教育。不過，隨著新式教育制度的實施，普及教育的觀念成為一個凸顯的議題，也成了新教育政策的工作目標。只是，到目前為止，政府為一般百姓提供教育設施的企圖，並不算成功。西元1909年，直隸省內每200人只有1人就學，大約是只有學齡兒童總數的四十分之一進入公立學校就讀；而四川的狀況則是每275人中1人，大約是學齡兒童總數五十分之一進入公立學校就讀。這種情況之後稍有改善。西元1912年廣東省的教育報告聲稱，年齡介於六歲到九歲的孩童，分別有40%的男生和13%的女生在學。

　　中國數百萬人民的教育普及問題，隱藏著重重的困難。首先，我們有語言文字上的困難；我們的文字沒有字母，學習識字的工作跟大部分國家相比，是難上加難的事。再者，我們的書面文字跟口說語言不同，全國各地的口語方言，又都不一樣，這一點又讓學習識字更加困難。由於中國的語言表達工具如此複雜難學，導致每個人完成教育的時間得多花三到五年。近幾年，有人提出克服這項困難的方法，其中最具意義的幾項有：（1）破除機械式背誦，以較符合邏輯的逐字解義教學取代；（2）改寫簡而易懂、市井小民專用的口語文字，同時以這樣的文字用語來出版書籍和報紙；（3）簡化文字與表達方式；（4）在學校裡教授中國最為通行的語言，即官話教學；（5）使用讀本教國語文；（6）採用表音文字。有人已經嘗試過這當中的部

分方法，不過，成效不一。還有其他議題則尚在討論階段。除了語言文字上的困難外，我們還有教師訓練的問題，以及資金方面的困難。根據估算，中國就算完成所有教師培訓工作，也有執行計畫的經費，若要達成像樣的普及教育，還得建置100萬所學校。也就是說，以現有的5萬餘所學校來算，普及教育所需的總校數是現有學校數的二十倍。或者說，除了現有學校外，還得加開約莫95萬所學校。至於教師人數，總計需要150萬到200萬名。

自從民國建立以來，普及教育的問題在中國政治家與教育家心中，就像一團巨大的黑影。教育部正在採取初步措施，實行義務教育，要求七歲至十四歲的孩童強迫就學，違者受罰。當前我們把重心放在初等教育，同時整併高等教育，剩下來的錢，將會投入更多初、高等小學的建設工作，以加速普及教育的發展。常有人說，中國引進現代教育之初，亟欲設立大學、高等學校、中學校，卻忽略了初等學校的重要性，這從上而下的發展是個錯誤方向。假設這個指控是對的，那麼現在的我們要改正這個錯誤，還給初等教育應有之重視。

教師的培養

長久以來，中國現代教育進步的障礙之一，就是缺乏有能力的教師。新式教育發展之初，政府和人民選定或創建了現代教育的物質條件，例如校舍、教具器材、地圖……等等豐富且讓人滿意的教育資源。可是教育當局卻沒能提供足夠的適任教師。這並不表示政府沒有好好思考，便不明就裡地一頭栽進現代教育的施行工作，而是應該說設立學校容易，培養教師困難。我們可以臨危受命，趕建學校，但是教師的培訓，無法短時間內倉促辦好。某種程度上教師需要被栽培，

而栽培與製造不同，是耗日費時的。因此，我們雖然有充足的學舍跟學生，卻缺乏教師。這就好比槍枝已製好上架，但卻沒有足夠的槍手來擊發。中國啟動新式教育制度以來，發展極為快速，這使得缺乏適任教師的問題越來越難解決。

面對相當於全球四分之一人口的教育工作，中國是在教師嚴重不足的情況下，投入普及教育的推行。如果不是教師荒問題嚴重，中國新式教育的發展或許會比預期中還要好。不過，就算新式教育制度的發展快於預期，若是可以從舊制學院招募教師的話，教師荒的問題也不會這麼嚴重。可是偏偏中國就沒辦法從舊制學院中來招募教師，原因是舊式學院教師職員的素養不符合新式學校的需求。雖然許多舊制的教師，還是想辦法進入了現代學校。但是他們缺少現代學校教師要具備的知識與能力。在傳統教育制度下，任何人都可以當學堂老師，而且有許多在科舉考試裡取得最低功名的儒生，就是靠教書謀生──這都還不包含那些連最低功名都沒拿到的讀書人。教書不需要執照，而且除了傳統約定俗成的書籍選材或課程安排之外，教學方面沒有其他硬性規定。講課地點不是在孩童家中，就是在教師家裡。這樣的私塾，學生很少超過20人。這種教育傾向於開發學生的記憶力，而不是培養推理能力。在新式教育制度下，教師要面臨的情況截然不同。教師要懂的知識，不再只是古籍經典，也不只是作文能力。授課方式不再是一對一教學，而是整班教學。再者，現代學校的老師要能開發學生的推理能力，而不單單是培養他們的記憶能力。舊式教師難以適應新的制度，他們既保守又墨守成規，這也是傳統教育使然。他們無法脫離老舊思想，以至於嘗試新學與新法時，就像個彆扭學究。所以為了怕出錯，他們上課就只是照本宣科。這麼一來，無論是有意還是無心，他們的教學其實還是過分強調學生的記憶力。舊式教師不懂得

如何自己思考，當然也就不太採用新的教學方法，發展學生的思維能力。對他們來說，現代教學法是一門新的科學，若非不以為然，就是有心欣賞，卻無力靈活執行。

中國政府和民間在這緊迫的情況下，絲毫沒有浪費一分一秒，他們透過各種方法找合格的教師來滿足教育所需。先前提過的中國現代教育的先鋒，也就是教會學校，他們培育出來的學生成了唾手可得的師資來源。因為他們的畢業生具備基本能力，又可以應付新時代的狀況。當新式教育大舉入華時，教會辦的高等教育機構中有幾所比較優質的學校，他們訓練出來的學生，在某種程度上很適合從事現代教育工作。想當然耳，公私立學校都想延攬他們。只不過由於師資的缺口很大，還一直不斷地擴張，所以雖然教會學校和學院提供了師資，但卻是緩不濟急，而且數量上遠遠供不應求。

中國招募現代學校教師的第二個來源，就是那些文人學者階層。這些傳統文人們了解，他們的固有學識在轉型後的社會沒有太大用處，為了不被時代淘汰，他們試著以囫圇吞棗的方式勉強讀書，取得現代知識。可惜這樣的讀書方法，頂多只能學到皮毛。很多傳統文人以為，現代教育不過只是抄抄捷徑就可以習得的學問；而專業知識也都是些無須搞懂基本原理便能獲得的知識。這一類的讀書人基於不同情況與動機考量而投入教職工作，或許能稱為半路出家的教育人士（業餘教師）。其中有些人純粹出於愛心或愛國而進入教職；有的人則出於經濟考量來擔任教師。整體而言，雖然他們憑著比較進步的想法和相對認真的態度，比起舊式教師是比較好的。不過，人人都看得出來，將決定孩童生涯的教育訓練交付他們手中，仍是一件危險的事。

新式教育制度初創之時，聘請外國教師是必要的，尤其是中學以

上的高等教育機構更是特別需要。這類學校所聘請的外國教師數量向來不多，一部分是因為當時開辦的高等教育機構本來就少，另一部分是因為所需費用過於龐大。西元1911年，中國所有的外國教師總數，包含京師及各省學院與各級學校在內，總共545人[17]。北京法律學堂有21名外國教師，而京師大學堂的法科則聘了5名外國教師，理工科8名，農科3名，商科1名，另有4名外國教師在預科任教。清華學校有18位美國教師，其中9人為女性[18]。曾有一段時間，我們比較偏好日本來的外國教師，一方面是因為他們熟悉中國的書寫文字，另一方面則出於經濟考量，畢竟這類教師薪俸通常較低，而且兩國往返的支出旅費也比較少。不過，當時的情況跟現在也大不相同了。

　　一直以來，國內對於外國教師的條件限制都沒有統一。他們有些人在中國從事教育工作的經驗豐富，也真心願意幫助中國發展新式教育制度。相對地，也有人完全不熱愛教育，連基本的教育法則也渾然不知。有段時間學校挑選外國教師的程序不夠嚴謹，所以這種不具教學熱忱的人也就混進學校裡了。究其原委，是因為早期完全任由個別教育機構自行聘僱外國教師，沒有一套統一的辦法或政策。而且外國教師的聘僱往往單憑相關的人士或組織推薦，加上當時學校主事者經常異動，所以這些外國教師也跟著時而被聘，時而又遭解雇，流動頻繁。更有甚者，有些學校聘請外國教師負責專門或進階科目的教學，但學生沒有能力修習。結果這些懷有專才的外國教師們，只能耗費大量時間去教些外國語文課程或基礎學科，而沒辦法開授他們原本的專業科目。一直到西元1908年，學部奉准執行規程，明訂外國教師須

17《中國年鑑》，西元1913年，第392頁。
18《清華週報》，第1期。

經學部核准始得受聘於中國之現代學校教書。外國教員素質良莠不齊的情況，才終告結束。以外國的軍事教官為例，除了要學部核准外，還必須取得陸軍部的核可才行。

第四種教師的來源是留學歸國的學生。這類的教師數量還是不多，尤其是從歐美留學回來的，更是鳳毛麟角。究其原委，是因為薪資豐厚的政府單位和商貿業界，急需這類人才。這些歸國留學生就算一開始是在學校任職，我們也不期待他們會終身奉獻於教育，他們只是把教書當成墊腳石，以便找到薪資更為優渥的工作。實際情況也是如此，根據幾年前的觀察，當初特選出國接受教學訓練的學生們，在他們回國後都被選進政府其他部門。他們在政府機關所從事的工作，和花好多年於海外接受的教育訓練，完全沒有關係。為了修正這個弊端，西元1908年，學部通過一項法令，要求凡學部的官派留學生，回到國內後，至少要擔任教職五年，而其他政府部門不得在期滿前調派其他職務。在政府的嚴格執行下，再加上提供足夠的俸餉與合理的長期聘約，如此一來，中央或各省教育單位就能留住那些接受教育相關訓練的留學人才，以繼續擔任高等學校之教師和行政人員、教育委員會委員、視學或學董。

師資的最大來源，要屬師範學堂與教師講習所。新制法令跟舊制一樣，都要求師範學堂畢業生於課程完成之後，必須任教一定年限。任教年限的長短，依其所修習之課程而定。任何拒絕履行教學工作約定的師範學院畢業生，得賠償相當於其就學期間全額或部分學費的罰款[19]。

到目前為止我們培訓出的教師數量，遠遠不及各個學校所需的教

---

[19] 要了解更多關於義務服務年限長短以及學費賠償的訊息，參見《教育法令》第34期。

師人數。滿清學部對師資不足提出解釋是：若想要預測每年教師人數的需求，就必須有全國人口的統計資料，然而當時中國並沒有這類的統計資料。因此，教育主管機關根本不可能預測每年學齡孩童的人數，進而去計畫培訓相應的教師數量。西元1911年，學部通告各省，要求師範學校增收的學生人數應當與小學增加的數量相應。至此，這才是政府單位確保培育師範生人數充足的第一步。師範學堂設立至今，已有大量的畢業生，然其中多半畢業於簡易科與分類科，而非教育正科。雖然有人認為現今師範學校畢業生過多，但下列資料證明，受過專業訓練的合格教師數量依然遠遠不足。

根據西元1910年的調查資料，在國內扣除掉教會學校及政府不認可的私立學校外，師範學校和教師講習所共有415所，總計有28,572位在學學生。下列各表顯示師範學校與其學生數量的地理分布情形，以及各個學校不同類課程的修習人數概況。

以省為分類的分布圖

省分	學校數（所）	學生數（人）	省分	學校數（所）	學生數（人）
直隸	28	2,040	江西	17	887
奉天	33	1,894	湖北	17	1,702
吉林	7	470	湖南	16	1,961
黑龍江	4	236	四川	38	2,173
山東	16	1,283	廣東	9	1,003
山西	17	812	廣西	13	1,467
陝西	10	580	雲南	18	1,140

河南	62	3,818	貴州	9	726
江寧	19	2,000	福建	8	641
江蘇	5	493	甘肅	36	791
安徽	19	1,093	新疆	1	143
浙江	13	1,219			
			總計	415	28,572

以學校課程為分類的分布圖

學校類別	學校數（所）	學生數（人）
優級師範		
正科	8	1,504
分類科	14	3,154
加修科	8	691
初級師範		
正科	91	8,358
簡易科	112	7,195
教師講習所	182	7,670
總計	415	28,572

　　自西元1903年至西元1910年間，師範學校與教師講習所每年在
學學生數如下：

年分	優級師範學校	初級師範學校	教師講習所
1903	—	80	
1904	—	1,500	90
1905	974	2,234	2,113
1906	1,069	5,031	2,088
1907	2,389	18,253	10,041
1908	3,890	27,474	13,583
1909	5,817	19,383	12,819
1910	5,349	15,553	7,670

　　由上表可以看出，初級師範學院與教師講習所的學生人數，在西元1908年達到最高峰，此後便開始遞減。而優級師範學院學生人數則要一年後才達到最大值，但之後遞減的程度，並不像其他師範學校那樣顯著。造成此一現象的原因有二：首先，許多出於一時熱情而建立的學校，後來因為沒有做好萬全準備無法負擔所需開支，因無以為繼，隨之就關閉了。大部分倖存下來的學校，不是地點較好、財務寬裕，就是其他方面比較佔優勢。其次，最近幾年已有不少師範生畢業，其中尤以分類科和簡易科的畢業生為多，老師的數量足以配置給已設立的學校。因此，現在對於修習這類課程的老師沒有緊迫的需求。更何況現在想教書的人，比較偏好正科的課程，這與中國現代教育發展初期，分類科和簡易科大受歡迎的情況已經不同。事實上，學部還為此發布命令，自西元1910年年初開始，初等教育學堂的簡易科和高等教育學堂的分類科，不得再招收學生，這就是因為教師的人數已足以填補小學校師資缺口。不過，民國建立後，政府又授權師範

學堂設立了修業期一到兩年的簡易課程，還建置特殊機構提供類似課程來培訓農村教師。

有鑑於中國現代學校必須要從教育背景迥異的人當中招募教師，因此政府顯然要訂定一些制度，以防範不合格者混進學校擔任教師。西元1909年，學部制訂小學校教師檢定章程。翌年，又制訂並公布初級師範學堂、中學堂教師的檢定章程。根據這兩套制度的條文來看，如果位在北京，那麼檢核教師資格的權力就落在京師督學局手上；如果地點是在各省，檢核權力則歸各省的提學使。為了讓教師資格的檢核工作在距離省城較遠的州縣也能方便執行，省提學使得以委派代表來行使職權。章程中特別提到，接受委派之人，應為受過良好教育且名望卓著、對教育原理與方法熟悉透徹的教育官員。檢核初等小學堂教師資格者，必須為專門科目教師、完成優級師範學堂正科課程的畢業生，或者是高等學堂及其同等學校之畢業生。至於檢核初等師範學堂教師和中學堂教師資格的人，必須是優等師範學堂或高等實業學堂中名聲卓越的教師，或是畢業於中外高等學堂或大學堂，且具有教育工作經驗者。

民國政府改採一套新的教師資格檢核制度，不過尚未真正執行。根據新制，所有的小學教師都必須具備合格教師證書。要取得教師證書，必須畢業於師範學校或其他教育部指定的學校，或通過各省檢定委員會認證其教學資格。同時，新制也要求所有師範學校的教師，必須具備檢定委員會認證後所核發之證書，以顯示其資格符合，足以任教。

討論至今，顯然中國現在的教師組成是個大雜燴：當中包含了教會學校的畢業生，官立、公立、私立一般學校的畢業生，歸國的留學生，傳統中國學塾的老師、業餘教師、外國教師，還有師範學校與教

師講習所的畢業生。西元1910年學部的統計報告指出，當年中國的現代學校，總計有89,766位教師，與西元1909年的73,703位和西元1908年的63,566位相比，教師人數有顯著的增長。這些教師當中，84,755人為一般學堂教師，2,712人為技術與職業學堂教師，還有2,299人是師範學校與教師講習所的教師。

下表可以看出教師體系的組成資格條件[20]：

		資格性質	數量（人）	百分比
普通教育	中學堂	師範學校畢業生	848	25.82
		非師範學校畢業生	1,260	38.35
		外國教師	91	2.79
		非畢業生及未進過新式學校人員	1,087	33.04
		總計	3,286	100.00
	高等小學	師範學校畢業生	6,867	40.20
		非師範學校畢業生	3,172	18.57
		非畢業生及未進過新式學校人員	7,005	41.01
		外國教師	36	0.22
		總計	17,080	100.00
	初等小學、幼稚園	師範學校畢業生	33,348	51.90
		非師範學校畢業生	30,978	48.10
		總計	64,326	100.00

20《學部統計報告》，西元1910年。

		資格性質	數量（人）	百分比
師範學校	優級師範	新式學校畢業生	152	32.55
		外國留學畢業生	144	30.84
		非畢業生及未進過新式學校人員	80	17.13
		外國教師	91	19.48
		總計	467	100.00
	初級師範	師範學校畢業生	523	41.80
		非師範學校畢業生	353	28.10
		非畢業生及未進過新式學校人員	349	27.90
		外國教師	27	2.20
		總計	1,252	100.00
	教師講習所	師範學校畢業生	334	57.58
		非師範學校畢業生	126	21.73
		非畢業生及未進過新式學校人員	116	20.00
		外國教師	4	0.69
		總計	580	100.00
專門教育		新式學校畢業生	397	32.30
		外國留學畢業生	370	31.70
		非畢業生及未進過新式學校人員	297	25.50
		外國教師	122	10.50
		總計	1,168	100.00

職業教育	新式學校畢業生	748	48.20
	外國留學畢業生	243	15.50
	非畢業生及未進過新式學校人員	445	28.95
	外國教師	108	7.35
	總計	1,544	100.00

幾項跟這些數據有關的事實，強調如下：第一，外國教師在高等教育機構中所佔的比例，高於初等教育機構；第二，受過專業培訓的現代學校畢業生，相對而言非常少；第三，本身未讀過現代學校或讀了卻沒畢業的教師，佔了很大的比例。第三點提到的這種人，包含了各類認為在學校教書錢多、事少、又美好的無業人士。這些事實顯示，西元1910年中國現代學校的師資群，就本質上而言，一點兒也不稱職，還完全不專業。由於這個狀況使然，部分學校老師不稱職的地步，足以讓人瞠目結舌。中國有些主要的教育學者認為，即便是早期的師範學堂畢業生，極大程度上也令人失望。這樣的批評，就算是真的，也不讓人意外。當時進入師範學堂讀書的青年，大多根本沒有初等學堂或中學堂的思想訓練，基礎功夫不足。何況，因為課程規劃裡的科目過於繁多，造成課堂講授只做表面功夫；科目過多，準備起來耗精費神，導致學生考試作弊或臨時抱佛腳，學習自然也無效率。現在正科課程大受師範生歡迎，而且每週學習時數減少，同時將來有越來越多現代小學或中學校的畢業生就讀師範學校，基於這些原因，我們大可合理期待，從現在開始，加入教學工作的師範畢業生，素質會越來越好。

教育與生活的關聯

討論至此，至少還有一個重要議題是我們需要特別提出來的，那就是教育對受教育者生活的影響。長久以來，西方國家一直有個爭論：有人支持書本上正規的教育訓練，也有人支持以學生的社會和實業需求為主題的實用教育形式。我們或許可以說，就理論上而言，這個爭論的結果偏袒的是後者。不過，在中國這場爭論才正要開始。

直到近年，我們才認同為了符合時代下的社會和實業需求，教育工作需要好好調整。同時要善用課程規劃，讓學生準備好面對、解決他們日常生活的問題。雖然像地理、法制這類的課程，大部分已經被我們列入正規科目，但是在教導這些科目時，我們卻往往疏於參照學生或當地人民的日常生活。因此許多中國人心中浮現強烈的疑惑，懷疑現代教育是否真能解決國家的複雜難題。有人認為學校的科目和老師教學的方式，對孩童沒什麼幫助。沒錯，有人早就大聲疾呼，質疑這種教育形式，無法達到我們想要的預期結果[21]。他們指控，孩童只要一進學校就讀，就是與家庭生活和當地生活疏離的開始，等到孩童畢業時，既當不了農夫，也做不成商人。這對新式教育的嚴厲指控，不能一竿子打翻所有學校。不過，這些質疑倒也不是無憑無據。正如我們提過的，這個問題的根源在於學校的教學。學校的教學內容，大部分只是灌輸知識，而沒有參考學生上學的目的，或學生身處的在地社群有何需要。為了解決這個問題，我們得從根本做起，不但要好好檢討課程使用的教材，還得細細思考不同科目的教學方式。所幸，新民國政府的教育領袖，思想比較進步，正開始認真看待這兩個問題。

---

21 西元 1913 年秋，江蘇省教育科長黃炎培先生出版了一本針砭時事的小刊物，揭露某些驚人的學校教育工作，並強烈要求比較務實的實踐教學。

第八章　摘述與結論

　　前面幾章我們透過中國公共教育制度的興衰演變，推衍它的發展進程，也提出針對現今幾個重要教育議題的批判與討論。希冀本文所進行的研究與揭露的事實，對中國教育未來的進展有重大影響，因此，本章將進行後續的總結陳述。

教育與國家發展[1]

　　中國教育史是學校教育與國家發展兩者彼此緊密相聯的最佳例證。幾百年來，中國教育就其本質而言，純粹就是文學、哲學與道德教育。中國教育幾乎沒有什麼稱得上現代所謂「具體」或「實用」的東西，也沒有什麼需要懂得反覆試驗與歸納推理的部分。中國教育跟希臘教育復興之前，盛行於歐洲長達兩世紀的教育形式非常相似。中國教育的這種特質，對國家發展產生了重大的影響：它不僅能說明眼下中國相對落後的情況，也解釋了為什麼一直到最近十年，中國在現代生活、人文和科學方面幾乎沒有進步。自從與西方國家接觸以來，透過現代學科的引進和留學生帶回來的西學，中國的教育制度歷經了一場巨變。這場巨變對於中國人民生活產生了不可思議的影響，而且將國家帶上了進步與改革這條路。在我們眼前上演的是一場集政治、

---

1 Cf. Charles W. Eliot, *The Concrete and Practical in Modern Education*, pp. 1-7.【譯者注】本書書名應為：*The Tendency to the Concrete and Practical in Modern Education*。

實業與社會意義於一身的革命。中國現在的教育改革是所有其他改革圍繞的核心，因為中國正靠著教育，尋找把國家這艘大船駛進避難港的舵手。教育與國家發展之間的密切關係，應該是中國公立學校更偏重實務教育的一個論證。

教育與公職

西方世界曾一度認為，教育是有志於宗教、行醫，或從事法律的人才需要的準備工作，而這個觀念也存在於中國。數百年來，中國人認為教育不是為了實際的平日生活，而是為了擠進官職窄門所做的準備工作。過去父母對兒子最大的寄望，就是期待他能步上仕途。這份寄望如此左右著中國人的思想，導致一般人瞧不起從事工商業的人，認為工商階級無法與士大夫匹配[2]。即便到了現在，還是有許多現代學校的畢業生，認為公職是他們接受教育所應得的回報。這個現象適可說明為何法政學校數量充足，而且生員超額；反觀實業學校，卻連吸引到足額的學生都有困難。教育不該只是訓練人民謀求公職的手段，在新的教育制度下，中國無力再次承擔這樣的觀念錯誤。在這方面印度的慘痛經驗，可以作為中國的借鑑。先前印度訓練了一大批青年，以通過公職考試為目標，結果卻造成供過於求的現象。這群當初為了想進政府工作而接受教育的人，做什麼工作都不合適，當中甚至有人為表達不滿，還謀策了煽惑人心的政治活動。雖然人們慢慢不再把接受教育當成做官當差的準備，但是中國人還是得盡快從心中拔除

---

2 【校訂按】中國傳統觀念裡，有著「萬般皆下品，唯有讀書高」的偏見，在《管子・小匡》中云：「士農工商四民者，國之石，民也。」其中工、商居於四民之末，難與上品之士人相匹配。

這樣的過時觀念。中國人要的是更廣的教育理念，不僅僅把教育當作是公職生涯的預先訓練，同時也是準備面對生活各方面的一種手段。中國人能越快完成這樣的思想改造，國家就會越好。

中央集權與地方分權

另一個同等重要的問題是，中國該以哪種教育行政制度作為發展的目標。就下列幾個理由來看，中國似乎需要一個中央集權的教育行政制度——國家一統的政治狀況；建立國家意識以取代各省各區分政的情結；需要統一國語取代現行各地的方言殊語；人民要有共同的國家理想並養成服從政府與法律的習慣。不過，再從下列幾個理由來看，中國又似乎需要發展一個地方分權的教育行政制度：因為幅員廣闊，教育的推行有必要因地制宜；政府要能提供私人辦學的機會，同時讓各種社會組織得以參與教育行政的工作。雖然，集權與分權這兩種制度，其中一個的優點，往往是另一個的缺點。不過，想要在保留各自優點卻又不會犧牲兩方重大利益的前提下，試圖去融合兩者倒也不無可能。中國目前盛行的制度，似乎就是朝這個目標邁進。例如：由教育部以全國之整體考量，制定課程綱要，但各地可以根據所需，稍作變動更改。私人編纂的教科書，需要教育部的核准，才可以用於學校。各省也都有審查圖書會，負責從核准的書單中，篩選出適當書籍，以符合各省的需要。這種種安排，說明雖然我們尋求統一，但也為地方保留了足夠的發揮空間。整體而言，盡可能地避免中央集權與地方分權極端化的危險，這是政府的明智之舉，在執行上更應該小心謹慎。

民國成立後，現行教育行政制度的絕佳特色之一，就是由中央政

府負責維護高等教育，各省政府負責中等教育，而地方政府則負責各類初等教育。這項政策讓各級政府單位有了明確的責任歸屬，不但免去了所有的利益衝突，也杜絕了教育行政工作的推諉卸責。

課程規劃

為了恢復課程規劃應有的樣貌，政府採取了幾項目標正確的步驟：例如廢除作為常規科目的古籍經典、減化過為繁雜的課程規劃，還有引進更多的現代學科。為進一步改良課程規劃，以下建議可以供作參考：降低語文課等記憶類科目的平均授課時數，把多出來的時間用在自然科學、家政、音樂、畫畫，還有一般技能習得的課程上。此外，即便推廣官話教學有其執行上的困難，但各級學校都應該教授官話，以促進中國口說語言的統一。

向西方世界熱切學習，可能會產生過分強調西學的危險，因而犧牲了中國國家命脈裡重要的一切事物。我們要盡可能小心防範這樣的危險。因為，以適合西方人的方式來教育中國人，不見得能保證是對中國人最好。我們一定要把西方世界最好的部分，和中國歷史幾世紀以來最好的部分摻合在一起。孟祿博士曾在江蘇省教育會的演說上提出相同的看法，他說：「中國教育家眼前的任務，就是保存中國傳統文化中最好部分，取其精華，而非糟粕，然後再加上西方文化精華而非糟粕的部分。二者要彼此融合，而不是相互取代。融合的過程，須循序漸進，切忌躁動與極端。[3]」

在課程內容上，目前各級學校需要多開設手工、觀察與感官訓練

---

3 *Chinese Students' Monthly*, December, 1913. p. 129.

的科目，這牽涉到教材選擇的問題。我們要提供新世代多樣的機會，讓他們了解何謂具體與實用，還要教會他們試驗法則和歸納推理的知識。因為，西方世界在上個世紀於人文科學、道德、製造、交通運輸、財務、商業、貿易等各方面的進步，靠的大多是精確的觀察、確實的統計，以及條件有限的推理歸納能力[4]。我們一定要排除萬難，讓中國的年輕世代接受基礎科學的訓練，學習如何精準觀察並詳實記錄。因為就是這樣的訓練成功建立了新的民國。中國現行的制度下，學校師生會到田野遠足，這就是新式教育制度裡很好的一個特色。學校應該好好利用遠足的機會，教孩童仔細精準觀察的功夫，好好研究真正的自然萬物，而不是讓他們看看書本圖片，甚至讀讀文字描述便罷。

教育方法

雖然中國宣稱已經廢除了注重記憶的傳統教育方法，不過這個教育制度中行之百年的頑強特色，短時間內顯然沒辦法根除。因此，看到中國的學校教育還是過分強調背誦，而不重視學生主動使用教材的情況，這並不讓我們感到意外。在某些學校裡的教育方法，主要還是由老師講授，學生記背。新教育往往只是改變了學生背誦的科目，卻不是改善了教育方法。若這樣下去，不管想征服的是語言、文學、數學或自然科學這類的西學，進步都是微乎其微。為了救治此弊端，我們就要訓練學生的觀察力與各種技能的學習，以取代強記的訓練，使之成為主要的教育方法。跟其他國家一樣，中國也要時時刻刻提醒教

---

4 參照 Charles W. Eliot, *Some Roads towards Peace*, pp. 5-6.

師和學生，儘管記憶力是每個人接受教育時十分有用的技能，但這畢竟只是達到目的的一種手段與工具罷了。再次借用孟祿博士的話來解釋，他說：「學習語言的真正目的是要能使用它；學習數學的真正目的則是應用它來解決日常問題；而學習科學，則是要能應用受到自然現象控制所發展出的方法，解決人的問題。[5]」

　　在教育方法上，還有另一個等待解決的缺失，那就是過於重視事物的外在形式，太過仰賴學習上的人云亦云。教師也好，學生也罷，往往不注重深具意義的科學過程與方法，反倒欣然接受其他人做出的結論。要改正這個陋習，我們可以培訓自然科的老師和物理老師，要求他們教這些科目時，先加強學生的觀察力，再培養學生確實記錄所見事實的能力。最後，以觀察比較後得到的事實為基礎，再推理出有限條件下的適當結果。孟祿博士說，西方各民族的嘗試教學法、實驗教學法，歷時不到五十年就成為西方世界的主流。他堅決主張，將這些教學法推廣到所有東方學校的科學、農業、貿易、經濟等學科上，就是讓東方思維跳脫文學想像與哲學思辨，於事實與真理的領域裡向前進步的最好方式[6]。透過傳遞年輕世代這些知識就能大大地促進商業、工業和社會的改革。他認為東方世界若能積極持續這樣的教育，只要施行五十年，便可大幅修正東西方思維的主要差異。

女子教育

　　我們在前些章節已經看到，雖然古代女子的道德培養備受重視，

---

5 *Chinese Students' Monthly*, December, 1913. p. 130.

6 參照 Charles W. Eliot, *Some Roads towards Peace*, p. 56.

但當時傳統的公共教育制度，幾乎都不提供女子知識教育。在新式教育制度下，女子教育受到越來越多的重視。中國人對於女子教育的看法，已經非常民主而且執行得當，因此中國女性的新地位就要開始發展。我們可以從幾個方面得知這樣的訊息：政府陸續設立女子小學、女子師範學校和女子中學校；政府也計畫要加緊建立兩所女子高等師範學校；中國目前已經有許多間女子師範學校。再過不久，政府肯定要建立女子高等學校，來滿足女子高等教育的需求。未來中國女性的地位，一如其他國家的女性同胞一樣，肯定會在公共生活領域中佔有更重要的位置。

師資培育

當前中國教育制度一個很棒的特點，就是擁有充足的資金後援，使得人人皆可接受合宜的師範教育，不必擔心經濟問題。師範學生不但免繳學費，甚至還有學校生活津貼。政府透過這樣的資金支援，確保大量的師範學校畢業生投入教職。此外，政府又提出足夠的誘因，採納教師退休金和俸給標準化的制度，這樣的作法不僅留住了數量龐大的在職教師，同時也招募到像歸國留學生這類程度較好的人投身教育界。

現在中國最需要的，便是設立更多更好的高等師範學校來培訓中學教師。目前這類的學校數量不足，而且辦學成效也低於期望標準。政府計畫在不久的將來設立六所男子高等師範學校跟兩所女子師範學校。顯然這表示當局逐漸體會到中學教育的重要性，同時也了解專業的教師培訓決定了國家教育計畫的成功與否。

目前，政府重視女子教育，而且中國女性在公共生活領域的地位

益發重要。這些現象都表示，不久的將來中國會跟部分現代國家一樣，大部分小學教師都是女性。這倒提醒了我們，現今男子師範學校比女子師範學校多，但我們將需要建立更多的女子師範學校。目前現代學校教師總數中，女性教師所佔比例雖沒有具體數據，不過就一般認知而言，比例應該很低。這種情況可以從二方面來解釋：首先，目前除了女子學校之外，中國的公立學校不喜歡聘僱女教師。其次，一如我們之前討論過的，雖然中國一直鼓勵男子受教育，但女子教育大眾化是相當晚近才有的事。所以，比起男性教師，適任的女教師人數就少了許多。事實上，女教師人數相當稀少，連滿足女子學校的教師需求都不夠。的確，要找女教師來教刺繡、國語文之類的科目並不困難，但要找有能力的女教師來教現代課程的其他科目，那可有如大海撈針。在這樣的情況下，政府就必須招聘男教師、外國女教師，還有那些在師範學校修簡易科的老師了。

目前就改善教師專業與效率而言，中國的現況還有很大的進步空間。中國目前仍然缺乏改善並提升教師專業的機構，例如教師講習所、夏季學校、推廣教學、函授課、地方教育會、教師會，以及歐美常見的讀書會。不過，政府已經開始朝著這個目標努力，這是一個可喜的現象。只要想到我們至今仍未發展出有效率的教育監督團體，那麼那些試圖幫助教師專業成長的各種私人機構，那更是雪上加霜了。為了補救這種情況，政府應當提供補助金之發放或獎勵等誘因，鼓勵所有為提升師資素質而努力的那些團體。

整體展望

我這份針對中國現今教育狀況的討論，當然是不夠完整的。不

過，這份研究卻說得很清楚，帶著必勝決心的中國要完成教育及國民生活的改造工作，已經有了好的開始。中國政府要提供數以百萬計的黎民百姓教育設施，是規模極其龐大且本質無比複雜的難題。其成功的解決之道，需要的不只是專業能力，還要有十足的熱忱、愛國心，以及無私精神。目前的中國教育制度尚在草創階段，比起其他文明國家的教育制度，想必有很多瑕疵與不足。即便這個教育制度已歷經了幾十年的努力與調整，也仍然有改進空間。大體而言，中國現代學校的缺點，是所有教育改革工作在初級階段都會碰上的問題。我們深知，改革耗時費力，規模龐大，而且本來就會碰到不可避免的阻礙。我們可以肯定地說：即便眼前的問題困難重重，但中國有自信，假以時日，必將得救。目前中國需要時間喘息，從經歷君主專制轉變為民國政府的震撼中平復。中國需要時間仔細思考，西方教育中的哪些部分，可以挪為己用以促進自身重大利益；中國還要想想，在幾百年的歷史驗證下，中國自身的制度有哪些部分對自己最有利，而又有什麼該傾盡全力與毅力來加以保存。簡而言之，中國需要時間，重新適應現在周邊的外在新環境。

附 錄

表1：初等小學課程表

學年 學科	第一學年	第二學年	第三學年	第四學年
倫理道德	2	2	2	2
國語	10	12	14	14
算術	5	6	6	5
勞作	1	1	1	1
繪畫	/	1	1	男2 女1
唱歌	/	/	1	1
體育	4	4	3	3
縫紉（女子）	/	/	1	2
每週授課時數	22	26	男28 女29	男28 女29

表2：高等小學課程表

學科 ＼ 學年	第一學年	第二學年	第三學年
倫理道德	2	2	2
國語	10	8	8
算術	4	4	4
歷史、地理	3	3	3
自然科學	2	2	2
勞作	男2 女1	男2 女1	男2 女1
繪畫	男2 女1	男2 女1	男2 女1
歌唱	2	2	2
體育	3	3	3
農業（男子）	／	2	2
縫紉（女子）	2	4	4
英文	／	／	（3）
每週授課時數	男30 女30	男30 女30	男30（33） 女30（33）

表3：男子中學課程表

學科＼學年	第一學年	第二學年	第三學年	第四學年
倫理道德	1	1	1	1
國語文	7	7	5	5
外國語	7	8	8	8
歷史	2	2	2	2
地理	2	2	2	2
數學	5	5	5	4
自然科學	3	3	2	／
物理、化學	／	／	4	4
公民、經濟	／	／	／	2
繪畫	1	1	1	2
工藝	1	1	1	1
音樂	1	1	1	1
體育	3	3	3	3
每週授課時數	33	34	35	35

表4：女子中學課程表

學科＼學年	第一學年	第二學年	第三學年	第四學年
倫理道德	1	1	1	1
國語文	7	6	5	5
外國語	6	6	6	6
歷史	2	2	2	2
地理	2	2	2	2
數學	4	4	3	3
自然科學	3	3	2	／
物理、化學	／	／	4	4
公民、經濟	／	／	／	2
繪畫	1	1	1	1
工藝	1	1	1	1
家事、園藝	／	2	2	2
縫紉	2	2	2	2
音樂	1	1	1	1
體育	2	2	2	2
每週授課時數	32	33	34	34

表5：男子師範學校第一學程課程表

學科 ＼ 學年	預科	本科第一學程			
		第一學年	第二學年	第三學年	第四學年
倫理道德	2	1	1	1	1
教育學	／	／	4	4	11
國語文	10	5	4	3	2
寫作	2	2	1	／	／
英語	4	5	5	4	3
歷史	／	2	2	2	／
地理	／	2	2	2	／
數學	6	4	3	2	2
自然科學	／	3	2	2	／
物理、化學	／	／	3	3	2
公民、經濟	／	／	／	／	2
繪畫	2	3	3	4（美術史1，實作3）	4（美術史1，實作3）
工藝	／				
農業	／	／	／	3	3
音樂	2	2	1	1	1
體育	4	4	4	4	4
每週授課時數	32	33	35	35	35

表6：男子師範學校第二學程課程表

科目	倫理道德	教育學	國語文	數學	自然科學	物理化學	繪畫工藝	農業	音樂	體育	每週授課時數
一學年	1	15	2	2	3	3	4	2	3	35

表7：女子師範學校第一學程課程表

學年 學科	預科	本科第一學程			
		第一學年	第二學年	第三學年	第四學年
倫理道德	2	1	1	1	1
教育學	/	/	4	4	11
國語文	10	6	3	3	2
寫作	2	2	1	/	/
地理	/	2	2	2	/
歷史	/	2	2	2	/
數學	5	3	3	2	2
自然科學	/	3	2	2	/
物理、化學	/	/	2	3	3
公民、經濟	/	/	/	/	2
繪畫	2	2	2	1	1
工藝	/	2	2	2	3
家事園藝	/	/	/	3	3
縫紉	4	4	4	4	2
樂歌	2	2	2	1	1
體操	3	3	3	3	2
英語	（3）	（3）	（3）	（3）	（3）
每週授課時數	30（33）	32（35）	33（36）	33（36）	33（36）

表8：女子師範學校第二學程課程表

科目	倫理道德	教育學	國語文	數學	自然科學	物理化學	繪畫工藝	縫紉	音樂	體育	每週授課時數
一學年	1	15	3	2	3		3	2	2	3	34

參考文獻

一、原始文獻材料

中國各級學校印行之目錄、報告與期刊。

張之洞：《勸學篇》。1900年紐約版易名為《中國唯一的希望》（*China's Only Hope*）（F. H. Revell Co., 1900）。

《教育雜誌》最新各期。

《周禮》〈天官〉、〈地官〉、〈春官〉、〈夏官〉、〈秋官〉、〈冬官〉各篇。

《中華教育界》最新各期。上海。

《大清教育法令》（*Educational Laws of the Manchu dynasty*），第1-8卷及補遺第1-4卷。

《中華民國教育法令》，1912、1913。

《江蘇省教育法令》，1912。

《學部官報》。

《江蘇教育行政管理月刊》，1913年。

《禮記》〈文王世子〉、〈明堂位〉、〈王制〉、〈祭義〉、〈學記〉、〈內則〉各篇。

《中央教育會議紀錄》，1912。

〈基督教教育報告〉（Report on Christian Education），刊載於《世界傳教會議》（*World Missionary Conference*）第三卷。

《尚書·卷十八》〈周官〉篇。

《學部統計報告》，1907、1908、1909。

馬端臨：〈學校考〉，《文獻通考》第46-49卷及補遺；及〈選舉考〉，《文獻通考》第28-39卷及補遺。

容閎：《西學東漸記》（*My Life in China and America*）（H. Holt & Co., 1909）。

二、轉引資料

Biot. *Essai sur l'histoire de l'instruction publique on Chine et de la corporation des lettres.* 1847.

Blakeslee, George H. *China and the Far Eas*t. T. Y. Crowell & Co., 1910.

Burton, Margaret. *The education of women in China.* F. H. Revell Co., 1911.

Chamberlin, T. C. *China's educational problem. Independent,* September 22, 1910.

Chiao Yu Shih. *History of Chinese education.*

Chiu Na Chiao Yu Shih Lueh. *A general history of Chinese education. China Mission Year Book.* 1912 and 1913.

China Year Book. 1913.

Chinese Recorder. Current numbers. Shanghai.

Chinese Students' Monthly. Current numbers. Boston.

Eliot, Charles W. *Some roads towards peace.* Carnegie Endowment for International Peace, Washington, D.C. 1913.

Eudo, H. *Confucius and his educational ideals.* In Proc. N.E.A, 1893, pp. 308-313.

Fryer, John. *Admission of Chinese students to American colleges.* U.S. Bureau of Education ieadls. In Proc. N.E.A., 1893, pp. 308-313.

Report to the regents of the University of California on the educational reform in China.

University of California Chronicle, July, 1910.

Gascoyn-Cecil. *Changing China*. The Macmillan Co., 1912.

Giles, H. A. *Chinese literature*. New York. 1901.

Giles, H. A. *Chuuang Tzu: mystic, mornalist, and social reformer*. London, 1889.

Graybill, H. B. *The educational reform in China*. Master's thesis. Teachers College, Columbia University, 1907.

Headland, Isaac T. Education in China. *In Cyclopedia of Education*, ed. By Paul Monroe. The Macmillan Co., 1911.

Ho, Yen Sun. *Chinese education from the western viewpoint*. Rand McNally & Co., 1911.

Hippesley, Alfred E. National education in China. *Health Exhibition Literature*. Vol.XIX. London, 1884.

Hutchinson. *Faber's Mind of Mencius*. Shanghai, 1897.

International Review of Missions. Current numbers.

Journal of the American Asiatic Association. Current numbers. New York.

King, H. E. The educational system of China as recently reconstructed. U.S. Bureau of Education, *Bulletin*, No. 15, 1911.

Kuo, P. W. The effect of the revolution upon the educational system of China. *Educational Review*, May, 1913.

Kuo, P. W. *The training of teachers in China*. Master's thesis. Teachers College, Columbia University, 1912.

Lee, Teng Hwee. *The problem of new education in China*. Bruges(Bel-Lewis) A. Moens-Patfoort. 1911.

Lewis, Robert E. *The educational conquest of the Far East*. F. H. Revell Co., 1903.

Martin, W. A. *The Chinese; their education, philosophy, and letters*. Harper Brothers, 1881.

Martin, W. A. *The lore of Cathay*. F. H. Revell Co., 1901.

Reinsch, Paul S. *The intellectual and political currents in the Far East.* Houghton Mifflin
Co., 1911.

Renan, Ernest. *Histoire de l'instruction publique en Chine.* (In his Melanges d'histoire et
de voyages.) Paris, 1898.

Report on the system of public instruction in China. U. S. Bureau of Education,
Bulletin, No. 1, 1877.

Republican Advocate. Current numbers. Shanghai.

Ross, E. A. *The changing Chinese.* The Century Co., 1911.

Williams, Samuel W. *The Middle Kingdom.* C. Scribner's Sons, 1833.

World's Chinese Students' Journal. Current numbers. Shanghai.

中大「秉文堂」溯源
——記郭秉文及其教育思想之形成與實踐

李淑萍

一、前言:「秉文堂」設立之由

　　座落於中大校園東南側,環校公路邊上的「科學一館」,目前是地球科學學院的所在。它是中大在遷校中壢雙連坡時,校園內最早的一棟建築物,1969 年落成啟用後,一度是校內行政與教學的重心。館內二樓的玄關講堂,是在中壢建校早期(1969-1973 年),全校學生入學、畢業及求學的重要活動場域。講堂前方懸匾「秉文堂」,目的是為紀念大陸時期郭秉文校長而命名。

　　郭秉文是華人在美國哥倫比亞大學師範學院畢業的第一位教育學博士,也是中央大學大陸時期校史上一位舉足輕重、影響深遠的人物。祖籍在江蘇江浦(鄰近南京)的郭秉文,1880 年出生、成長於上海,1908 年赴美留學,1914 年從哥倫比亞大學畢業,取得博士學位。學成回到中國,1915 年協助「南京高等師範學校」的籌辦與代理校務,1921 年爭取改制,創辦東南大學(即中央大學前身)。目前中大校史是以 1915 年郭秉文學成返國,協助籌辦與代理校務的「南京高等師範學校」之現代新式高等教育作為起算點,以區別於前清時期「三江(兩江)師範學堂」的舊式學堂教育,迄今(2015

年）適逢百年。

不過，事實上郭秉文從未掛職擔任國立中央大學校長。因郭氏於1921年創辦東南大學，1925年因政局劇變，而遭免職。郭氏於同年2月悵然離開上海，前往美國。此後，學校歷經一連串「易長風潮」與更名，直至1928年4月才改稱「國立中央大學」，但大陸時期的中大校友卻將郭秉文視為中大永遠的校長。甚至，1962年中大在臺灣苗栗復校時，老校友們迫不及待將消息傳到海外。當時遠在美國的郭秉文聽聞佳訊，欣喜之餘，特地購買一部大英百科全書，寄到臺灣作為賀禮，以表達他對中大學子的關愛。直至1968年中大遷校中壢，1969年8月底郭秉文卻不幸病逝於美國華盛頓，享年八十九歲。消息傳回臺灣，中大在臺校友與在校師生，隨即於9月初在臺北舉行追悼會，並於校內首棟落成建築物「科學館」內的大型講堂，題名「秉文堂」，以表達中大全體師生對於郭秉文校長的無限追思。郭秉文在當時中大校友及全校師生心目中的地位，可見一斑。

郭秉文是二十世紀二、三十年代國際舞台上活躍的中國教育家，曾多次作為中國代表出席世界教育會議，並被推舉為世界教育會副會長。他是中國現代大學的開創人。以下謹簡述郭秉文之成長、求學過程及教育理念之養成與落實。

二、負笈海外，教育救國

郭秉文出身於基督教家族的背景，年少時期便進入長老教會在上海所創辦的「清心書院」。這種新型的西方教育系統和中國傳統教育大有不同，它的「教學內容與社會實際聯繫較為密切。新式學校教材，或由西方搬來，或由教師自編，其最大特點是與社會實際聯繫密

切。⋯⋯清心書院教學生工藝、印刷、耕織等技術，對學生日後謀生、治家，功德無量。這些內容，較中國傳統教育或埋首八股，或空談心性，或瑣碎考據，離社會實際更近，更切實有用。」（語見熊月之、張敏《上海通史‧晚清文化》）可知，郭秉文年少時期便浸淫在「力求切實有用」的教育課程中，這些實用觀點的啟蒙課程，也影響了他日後興辦新式高等教育的辦學理念。

清心書院畢業後，郭秉文曾在該書院任教一年，由於他具有良好的英文基礎，之後遂能進入海關、郵務及浙東釐金局等處任職。甲午戰爭後，國內掀起一股「廢科舉，辦學堂，育人才」的教育聲浪，創辦現代新式教育的想法已在中國傳統社會中逐漸形成。郭秉文不滿足於在清心書院所受的中等教育，再加上「國事敗壞，先生思有以革之者，乃擔簦負笈，遊學於美」（高明語，見〈郭故校長秉文先生行狀〉），以圖強救國為己任，因而懷抱著滿腔熱血之心到美國繼續求學。

郭秉文1908年到美國，進入伍斯特學院主修理科，接受良好的自然科學訓練。伍斯特學院以追求卓越為辦學宗旨，從成立之初就強調「在生活中的任一領域和邁向科學的最高階段上都能為人們做好準備」。可見該校講求學習與生活的關係，同時重視能運用於社會的實用教育。同時，郭秉文在伍斯特學院求學期間，正值中國留學生赴美留學的高潮期。在美留學生活中，郭秉文除了原有英文語言上的優勢，他進而展現了組織人脈與演說辯論的長才，成為當時留學生團體中的重要成員。這也為他後來得以延聘大量留學生到「南高、東大」任教奠定了人際關係上的優勢基礎。

1911年郭氏取得伍斯特學院理學士學位後，進入紐約市哥倫比亞大學繼續攻讀，僅花一年時間，在1912年便取得碩士學位，再過

兩年（1914）郭秉文的博士論文便由哥大教師學院正式出版。在哥倫比亞大學求學期間，郭氏師從當時具有相當學源優勢的 Dr. Strayer，同時也與當時教師學院中幾位教授（如 Farrington、Monroe、Hillegas 等等）進行學習交流與討論。郭氏在博士論文中肯定教會學校對中國教育的貢獻，認為教會學校能制定適合時代發展的教育目標。他更引用孟祿教授「從實際使用出發學習」的觀點，繼而形成他辦學著重實用的理論基礎。

郭秉文《中國教育制度沿革史‧教育之關係生活》中，談及教育與社會生活之關係，講究實用教育的思想。他說：「**吾國今日教育最後一重要問題，不可不特別注意者，曰教育有關係於受者之生活問題是也。……數年以來，各學校漸知整理學校作業期應乎社會之變遷以及適於工業之需要。學校之課程，為學生將來解決日常生活問題之一物，是一進步也。……幸而今之教育新進者，漸知急所先務翻然變計，注重實用教育。**」在〈教育與國民之進步〉中又說：「**教育必裨實用，他國所風行而收功之實際教育，當加意提倡之。**」從上述內容，我們可以了解，在郭秉文的求學經歷中，從早期就讀於清心書院，到後來至美國求學的伍斯特學院、哥倫比亞大學，不同階段的學習經歷，與郭氏自身機敏的觀察與思考，逐漸形成其日後興辦治校的教育觀點。特別是他在哥倫比亞大學求學階段，除了在教育專業上的精進外，哥大的辦學模式，例如：加強學生深度、廣度的學習，積極籌集資金以壯大學校的發展，以及注重教師的參與校務管理等等，都是郭秉文日後辦學的重要思想來源之一。

郭秉文身處中國風雨飄搖之際，為了挽救積弱不振的中國，他毅然決然赴美就學，在博士階段的求學生涯，選擇攻讀教育，目的即是希望能夠透過教育，進行改革，使國家得以強盛。

三、學成返國，協籌辦學

郭秉文在1914年以「中國教育制度沿革史」（The Chinese System of Public Education）一題，完成論文撰作並正式出版，繼而取得博士學位。事實上，在他自美返國之前，郭秉文便已收到江謙延攬回國任職的聘書。1915年，郭秉文返國後，隨即擔任「南京高等師範學校」教務主任一職，協助江謙校長操持校務，自此開始他一生的教育事業。

1919年，江謙因病請辭南高校長，校務交由教務主任郭秉文代理。郭氏深受五四運動及歐美教育思想影響，上任後積極改革學校行政組織，在校務上，成立各項委員會，由教職員工參與學校管理工作，撤銷學監處，實行校務會議制度。在學務上，設立各科會議以討論本科計畫、預算、課程和學生成績等事宜。郭秉文接任校務工作後，極力延攬留學西方的科學家，他改革學校行政組織，推行教授治校、學生自治，展現民主思想。在校風的傳承上，遠自三江師範學堂起，學堂監督李瑞清主張「嚼得菜根、做得大事」；江謙繼之以「誠」為訓，並於校園六朝松旁，建「梅庵」以資紀念；至郭秉文接掌南高校務，倡言「南高獨宜秉持士林氣節，保持樸茂之學風」，在重視精神修養與科學求實的雙重陶冶下，遂發展出「誠樸、勤奮、求實」的校風。沿襲至今，我校中央大學仍以「誠樸」為校訓。

郭秉文努力積極辦學，南高、東大在他的帶領之下，開創南方卓然學術風潮，足以和北京大學相提並論，張其昀〈郭師秉文的辦學方針〉文中說：「民國十年左右，南高與北大並稱，隱隱然成為中國高等教育上兩大支柱」，兩校成為一南一北的學術重鎮。由於郭秉文先生在南高、東大時期的苦心擘畫，也為日後的國立中央大學奠立了厚

實的基礎，高明〈郭故校長秉文先生行狀〉云：「國立中央大學之基礎，實奠定於南高、東大之時；而南高、東大之規模，實建立於　先生之手。」所言甚是。

　　郭秉文先生接任校務之際，由於當時中國國力衰微，許多人都主張以西學來救國圖強。受到西方文化的衝擊，新、舊思想正處於激烈的對抗，出現對傳統文化徹底否定和完全盲從西方文化的思潮。郭秉文為人處事總歸於「平和」二字，認為「平乃能和，和乃能進」，應用於教學理念上，則主張平衡的辦學方針：一、**通才與專才平衡**，認為兩者能互相配合發展，不應偏廢；二、**人文與科學平衡**，發揚中國傳統文化，同時也吸收西方科學新知，兩相結合；三、**師資與設備平衡**，致力延攬名師，並且充實學科儀器與圖書，提供一流的學習環境；四、**國內與國際平衡**，藉由邀請國內外學者講學或演講的學術交流，擴大學生視野，同時也將中國文化介紹給國際人士。此即郭秉文辦學方針中著名的「四個平衡」（張其昀語）。郭氏秉持著「融貫中外，匯通古今，學風淳篤」（高明語）的方式，汲取中外古今之長處，以不偏頗於任何一方的態度，來施行、貫串他的教育理念。這種卓越的見識，實屬難能可貴之事。

四、博覽中西，貫通古今

　　在郭秉文的學習過程中，打從年少時期的中等教育開始，便已受到西式教育思想的影響。相較於舊式書院來說，郭秉文在上海清心書院已逐漸接受西方近代科學、文化思想的薰陶。他後來赴美進修時，進入同屬於教會性質的伍斯特學院，其重視科學教育的效能與開放學習的教育主張，如「教育必須探究事物的全部含義，包括那些僅憑觀

察就可能驗證的問題，和那些沒有確切答案的問題」、「把邏輯思考的能力和道義行動的能力結合起來，把科學和服務結合起來」等等，更是開拓了郭秉文的學習視野。

郭秉文以「融貫中外，匯通古今」的態度，審視中國古代教育和傳統學術的內容，進行檢討與思考，並歸納其優劣得失。例如：他在論述周代教育之課程內容時，曾說：「《周官·大司徒》以鄉三物教萬民而賓興之。一曰六德：知、仁、聖、義、忠、和。二曰六行：孝、友、睦、婣、任、恤。三曰六藝：禮、樂、射、御、書、數。其普通教育，則有五禮、六樂、五射、五馭、六書、九數。以近世教育眼光，評論此種學校之課程，實包德智體三育。於人生有密切之關係。此教育即所以為人能競爭於生活界之預備。蓋周時教育之宗旨，於發達心身，均無偏廢。」（見《中國教育制度沿革史·第二編》）就「射、御、書、數」等項目來看，射箭、御車、識字、運算都是生活的工具、生活的基礎，使人能夠應付環境，與社會生活緊密聯繫。因此，他總結周代的教育，認為其長處在於「重實驗而與當時生活相接近」，而且周代的教育宗旨是在「發達心身，均無偏廢」。文中《周禮》所言的六德、六行、六藝等，實則包含德行教育、智識教育和體能教育等三方面。而此一教育內容，正與郭秉文所主張「三育並舉」完全相應，足見中國傳統教育觀點對郭氏的正面影響。

正因為郭秉文透過對中國傳統教育方式與內容的反思，所以更加注重實際應用的實用教育與學生聯繫社會生活，適應社會需要。他認為學校教育在於培植人才，尤其是大學教育的目的在於造就「平正通達的建國人才」。所以「訓育」、「智育」、「體育」三者並重，就更顯得重要了。

以智育為例，郭秉文對智育的標準，認為：「以養成思想及應用

能力為智育標準。必使學者能思想以探智識之本源，能應用以求智識之歸宿。……至於所思想應用之事物，則以適合於社會需要為本，總期所思所用，皆與社會生活有密切之關係。」（語見〈代理校長郭秉文關於本校概況報告書〉）可知，郭秉文智育的標準重在思想與應用能力，而且他特別重視思想能力中的「獨立思考」。由於重視獨立思考的能力，自然不能一味講求知識上的記憶，他反對只知道死背記誦，不知理解與應用的學習方式，故郭氏「極端排斥諳記法」。事實上，《禮記・學記》中已有「記問之學，不足以為人師」的記載，意思是說，為師者如果只靠記誦一些問題資料，而沒有心得見解，是不具備當教師的資格。換言之，教師自己必須要有思考創新的能力，而非一味的照本宣科，不懂得靈活運用。郭氏認為「獨立思考能力」在智育培育過程是極為重要的，誠如《論語》所言「學而不思則罔」，學習不但要思考，還要更進一步懂得應用，所思所用，都必須符合於社會上的需求。

在論〈教育與道德之養成〉時，郭秉文也說：「昔日教育制度，以經學為課程之中心。經學者，為吾人高尚思想與言論之寶庫，凡個人家庭與人民責任，皆不能脫此藩籬。受其淘鎔者，能養成一種高尚之道德，及優美穩定之性質。而吾國之文明，即持此種道德性質維繫而不墜者也。」（見《中國教育制度沿革史・第二編》）中國古代教育的教材內容，是以「經學為課程中心」，主要是培養高尚的道德情操。而《周禮》所談之德行教育，落實於郭秉文的教育主張中，便是趨近於「注重啟發和實踐」的「訓育」。

何謂「訓育」？郭秉文於〈關於本校概況報告書〉中認為「訓育」，即是「取訓練與管理兼重主義。訓練注意啟發，使知其所以然，管理注意實踐，使行其所當然，二者交相為用，以期知行合

一。」又說：「本校實施訓育之大別有二：一曰修養、二曰服務。修養方面，于學生則重躬行與省察；于職員，則重感化與考察。……服務方面，于學生則重實踐與研究；于職員，則重示範與檢查。」以今日觀點來說，「訓育」是一種培養學生良好的品德、建立道德觀及操守，並且培養學生熱愛社會，遵守紀律和熱心助人等精神的一種品格教育。

關於訓育的方法，郭秉文認為：「欲使學生之體魄、精神、道德、學術、才識各方面有相當之發達，固不以抑制，亦不可助長，惟宜啟學生之自動之機，使自向所定之標準，進行以至于能自立而止，所當依據之原則分列如下：（一）利用天性之原則；（二）觸發統覺之原則；（三）引起興味之原則；（四）應用暗示之原則；（五）選擇思想之原則；（六）養成習慣之原則。此本校訓育方法之大概也。」郭氏認為「訓練注意啟發」，換言之，訓育必須注重如何啟發學生的自動學習之機。今參證於《中國教育制度沿革史》所載，他說：「除《禮記》之外，述古時教育之法者，要以孔子之言為主矣。其言曰：『學而不思則罔，思而不學則殆。』又曰：『不憤不啟，不悱不發。舉一隅不以三隅反，則不復也。』是當時教育法，頗合於自動主義。」郭秉文深諳中國古代儒家已有符合自動主義的教育觀點，故在此基礎上，結合西方教育思想，進一步提出「利用天性」、「觸發統覺」、「引起興味」、「應用暗示」、「選擇思想」和「養成習慣」等六大原則。在〈關於本校概況報告書〉之訓育標準，郭氏主張，養成學生之人格要素，「必具有堅強之體魄、充實之精神，而于道德、學術、才識三者又有適當之培養。」是知，學校教育之訓育標準，不僅限於狹義的品德教育，而是囊括了道德、學術、才識等方面。

針對郭秉文所提「訓育」方法的六項原則中，下文擇取一端，觀察他對中國傳統教育的觀察和省思。他首先提出要「注重學生的天性」。「天性」指的是一個人與生俱來的本性，包括人格特質與才性。郭秉文在《中國教育制度沿革史》中說：「《禮記》中〈學記〉、〈內則〉兩篇，于當代教育法，言之頗詳，極端排斥諳記法，與近世教育法，多有吻合。一本人生天然之理以開發其天性為主，謂學僅為得一種知識不可也，必也心得，始謂之無負所學乎。」其所言〈內則〉一篇，據唐孔穎達〈疏〉云：「名曰內則者，以其記男女居室事父母舅姑之法……。閨門之內，軌儀可則，故曰內則。」知其主要內容，實為家庭教育之屬。倘就學校教育而言，當以〈學記〉為主。郭氏又說：「戰國時有孟子，服膺孔子之道者也。于教育之法，亦頗有所稱道。其言曰：『君子之所以教者五：有如時雨化之者，有成德者，有達材者，有答問者，有私淑艾者。此五者君子之所以教也。』申言之，孟子之教育法，專注學者之個性，順其性而陶冶之。」郭秉文已明確指出《禮記·學記》以及《孟子》所言的教育法，實皆著重於個人的天性，順其性情而加以陶冶、開發。

此外，關於孟子之教育法，郭秉文進一步闡釋說：「有如時雨化之者，謂學者天資聰穎，有聞必悟，教者因勢而利導，猶如及時而雨之，則其化速矣。有成德者，謂學者好談道義，則納之於成德之正軌。有達材者，謂學者富於理想，或治事之能力，各因其所長而達之。有答問者，謂就所問而答之也。有私淑艾者，謂人或不能及門受業，但聞君子之道於人，而竊以善治其身，是亦君子教誨之所及。綜觀孟子五者之教，皆因材而施，或小成，或大成，無棄材，無廢人。教育普及之道，其在斯乎！」人之天性稟賦雖有不同，但只要透過適當的因材施教，都可以有一番成就。其最終結果，學生成就雖有高有

低，但卻能「人盡其才」，不放棄任何一位學生，所以「無棄材、無廢人」，這才是普及教育的真正意義。

據此可知，郭秉文所舉出的辦學育人方針，實淵源自中國傳統儒家教育思想，他將中國傳統古學予以落實、運用，並與西方的教育理念結合後，進行思考整併後而提出。此說一出，對於現代教育之方針，影響至深。

事實上，儒家教育不以記誦之學為限，而是著重在修己善群，立身處世的道理。因此，道德教育是學校課程中之重要項目。郭秉文認為「訓育」工作實施的大方向有二：一曰修養，二曰服務。所以，教育的主要目的，是在培養學生正當的態度和建立高尚的理想。換言之，也是在樹立學生健全的人格品德。誠如《荀子・勸學》所云：「**君子之學也，入乎耳，箸乎心，布乎四體，行乎動靜。端而言，蝡而動，一可以為法則。**」透過訓育工作的實施，導引改善學生的不良行為，變化學生氣質，使其擁有堂堂正正的人格。

總觀中國古籍所載之道德教育，與現代教育中的訓育主張若合符節。是故，郭秉文云：「**孔子所樂稱君子之觀念，以學生程度之高低，施用各種摩繪情境法與譬喻開發法，俾其了悟於心，雖選輯之材料或不無可以批駁之處，而大體則甚妥適。**」大體上贊同孔孟教育思想之方法與觀點。郭秉文所提出的訓育方法「利用天性」、「觸發統覺」、「引起興味」、「應用暗示」、「選擇思想」、「養成習慣」等六大原則，可以看出彼此之間相互影響，也與中國儒家教育思想有其相應之處。由此可見，郭氏教育主張的構思縝密、論述周延。他的學術養成雖深受西方新式教育的影響，然而他許多教育觀點，既不盲目依從西方的經驗，也不否定中國本身的傳統教育，而是從中西教育理念中，汲取雙方的優點綜合而成，體現了郭秉文不折不扣是一位

「博覽中西，貫通古今」的教育思想家。

五、後人推闡，精神長存

如前文所言，郭秉文於1925年因政局劇變，而遭免去東南大學校長一職。郭氏於同年2月以受東南大學校董會委託之名，前往美國考察教育。平考其實，郭之去職，甚至悵然離滬赴美，實蒙受幾許委屈不平，與壯志未酬的愴然。此後，郭秉文離開了中國的高等教育學界，在海外從事國際事務與中西文化交流活動。直至1947年退休，定居美國。此後，不到兩年時間，1949年中共政權成立，國民政府播遷臺灣。當時位於南京的「國立中央大學」，因校名涉及政治敏感，於同年8月遭更名為「南京大學」。1952年中共進行全國院系調整，學校系所組織大幅更動。在1988年5月，又再度更名為「東南大學」。直到1962年，在眾多大陸時期中央大學校友的極力奔走下，「國立中央大學」終能在臺灣復校，延續著郭秉文所籌理、創辦之「南高、東大」時期的優良傳統。

郭秉文晚年雖旅居海外，然對於中西文化教育事業，仍持續關注。「雖在暮年，猶致力於中美文化之交流，未嘗以優游林泉，而自尋暇逸也。」1954年，教育部在紐約成立「在美教育文化事業顧問委員會」，郭秉文應邀擔任委員，1957年起擔任主任委員。同年他又以私人之力，組設「華府中美文化協會」，積極促進中美文化合作，從事國民外交活動。郭氏晚年仍積極參與中美文化交流活動，雖耄耋之齡，然精神奕奕，生氣勃勃。迄至1969年8月29日，不幸病逝於美國華盛頓，享年八十九歲。

近年來，郭秉文的家族後人，出生於美國、成長於亞洲（泰國、

菲律賓）的曾孫甥女徐芝韻（Carolyn Hsu-Balcer）女士，為了紀念家族先輩郭秉文的教育理念，以及郭氏對中西文化交流的貢獻。她對於宣傳、發揚郭秉文教育理念與獻身教育的精神，不遺餘力。在她的極力推廣與倡議下，紀念郭秉文的相關研討會陸續召開。如彼岸東南大學在 2011 年舉辦「郭秉文創建東南大學 90 周年的紀念研討會」，並出版了《郭秉文與東南大學》一書；2014 年 10 月因應紐約郭秉文博士畢業百年紀念研討會的召開，東南大學事先徵文出版了《郭秉文教育思想研究》專書，以共襄盛舉。同年，在紐約的紀念研討會結束後，由郭秉文母校哥倫比亞大學教師學院、哈佛大學費正清研究中心、美國伍斯特學院、東南大學、北京師範大學、美國西北大學等多位教育領域學者，共同纂輯《郭秉文──教育家、政治家、改革先驅》一書。書中通過不同角度，汲取現有文史資料，還原郭秉文經歷豐富的一生，並突顯郭秉文作為教育家、政治家、改革先驅的思想與貢獻。2014 年 11 月 7 日上海財經大學舉行「郭秉文紀念館落成暨銅像揭幕儀式學術研討會」，Carolyn 特地從紐約飛到上海去參加，表達她對此事的關注與支持。Carolyn 曾經表示，「我們家族中相當重視教育，這是我們家族的重要傳統。」因此，她捐資興學，成立郭秉文紀念獎學金，獎助貧困學子，使能順利求學。受到 Carolyn 的精神感召，甚至與郭秉文創校、治校沒有直接關聯的「北京師範大學」，在最新一期《教育學報》期刊中也開闢了「郭秉文研究」專題，在紐約會議時發布成果。凡此種種，皆在表彰發揚郭秉文先生在教育學、政治界及國際外交上的卓越貢獻。

六、後記──2014年10月紐約郭秉文會議紀要

2014年10月23~27日，由美國哥倫比亞大學、東亞圖書館與華美協進社等機構共同舉辦「郭秉文與中國近現代高等教育和中美教育交流──紀念郭秉文哥倫比亞大學博士畢業100周年國際學術研討會」，地點選在當年郭秉文取得博士學位的哥倫比亞大學教師學院，盛大舉行。本次會議是在郭秉文曾孫甥女Carolyn Hsu（徐芝韻）女士的積極籌畫和經費資助下順利召開。

會議緣起於2013年Carolyn Hsu致函哥大教師學院院長Susan Fuhrman，希望能在郭秉文從哥大畢業百年的特殊意義下召開紀念研討會，讓更多人了解郭秉文在教育領域的貢獻，同時讓人們更清楚了解中美教育交流的歷史，以及未來中美教育交流的走向，進而促成這次紐約的盛會。此次研討會定調由華美協進社、哥大教師學院和東亞圖書館聯合主辦。郭秉文當年卸任東南大學校長職務後，一度回到紐約，與杜威、胡適等人創建了「華美協進社」，並且擔任首任社長。在這次的研討會上，多位與會代表就郭秉文對當代中國教育事業的貢獻分享了各自的研究所得。同時，來自哈佛大學費正清中心的學者羅元旭也特地強調了郭秉文在外交和金融方面的建樹。可知，郭秉文對近百年來中西文化交流的影響是多面向的。

筆者奉李光華副校長指示，撰寫郭秉文教育思想相關論文──題名為〈郭秉文「訓育」方法與儒家教育思想的關係〉，發表於會議紀念專輯《郭秉文教育思想研究》，並且於會議期間前往紐約，參與盛會。本次會議，與會學校除了我校中央大學外，還包括臺灣師範大學、中國的東南大學、廈門大學、北京師範大學、華東師範大學、上海財經大學、中國教育科學院，以及美國哥倫比亞大學、哈佛大學、

伍斯特學院、西北大學、東亞圖書館、華美協進社等單位，近百位海內外教育研究專家學者和教育界人士齊聚一堂，共同緬懷郭秉文對中國近現代高等教育和中美教育文化交流的影響性與重要貢獻。筆者於會議論壇上以「郭秉文與中央大學」為題，藉由發言機會介紹中央大學發展現況及宣傳2015年中大百年校慶一事，席間引起熱烈討論。

　　Carolyn女士目前是美國紐約一家服裝公司總經理，也活躍於紐約商場與教育場域，在當地擁有一定的財經地位與影響力。近年來，她一直致力於恢復郭秉文在中西教育與文化交流史的地位，也極力提倡中國傳統教育的重要。這次會議活動，有正式的新聞發布會，也獲得當地一些媒體的報導。除了中國東南大學、上海財經大學外，她很高興臺灣中央大學能延續並保留郭秉文的辦學教育精神。

　　值此中大百年校慶，綜觀中大在臺復校後的辦學概況，正是郭秉文教育思想之具體實踐。因郭秉文所主張的「三育並舉」（注重啟發和實踐的訓育；注重思想和應用的智育；注重普及和健康的體育）與「四個平衡」（通才與專才的平衡；人文與科學的平衡；師資與設備的平衡；國內與國際的平衡）等教育方針，都是目前中大早已落實在進行的作法。

　　Carolyn女士曾在2014年1月底蒞臨中大校園參觀，參加本校歲末尾牙餐會，對中大校史能保存郭秉文校長的歷史地位，以及設置「秉文堂」，印象極為深刻。2015年中大百年校慶，有幸能邀請Carolyn Hsu女士回到臺灣，參與校慶盛事，實為美事一樁。

（筆者按：本文初稿撰寫完成後，承蒙郭秉文先生之曾孫甥女Carolyn女士指正並提供相關資料，俾利修訂內容，以符史實。本文所附會議照片亦蒙Carolyn女士授權使用，謹此誌謝。）

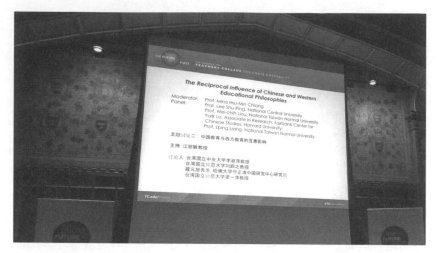

2014.10.25 研討會活動進行中。

2014.10.25 研討會結束，論壇同場學者合影留念。

2014.11.25郭秉文的曾孫甥女徐芝韻女士於會議開幕上致詞。

【參考資料】

一、專書著作

郭秉文：《中國教育制度沿革史》（上海：商務印書館，1922年）。

郭夏瑜等撰：《郭秉文先生紀念集》（臺北：中華學術院，1971年）。

中央大學校慶特刊編委會：《中央大學七十年》（桃園：中央大學，1985年）。

朱斐主編：《東南大學史（第一卷）》（南京：東南大學出版社，1991年）。

中央大學校慶特刊編委會：《中大八十年》（桃園：中央大學，1995年）。

龔放、冒榮編著：《南京大學》（湖南：湖南教育出版社，1995年）。

南大百年實錄編輯組編：《南大百年實錄（上卷）——中央大學史料選》（南京：南京大學出版社，2002年）。

王德滋主編：《南京大學百年史》（南京：南京大學出版社，2002年）。

冒榮：《至平至善、鴻聲東南——東南大學校長郭秉文》（濟南：山東教育出版社，2004年）。

許小青：《從東南大學到中央大學》（武漢：華中師範大學，2004年）。

東南大學高等教育研究所：《郭秉文與東南大學》（南京：東南大學出版社，2011年）。

羅元旭：《東成西就——七個華人基督教家族與中西交流百年》（香港：三聯書店，2012年）。

耿有權主編：《郭秉文教育思想研究》（南京：東南大學出版社，2014年）。

劉驥、Ryan Allen（美）：《郭秉文——教育家、政治家、改革先驅》（上海：

遠東出版社，2015年）。

二、單篇論文

王成聖：〈郭校長秉文傳〉，《中央大學七十年》（桃園：中央大學，1985
　　年），頁68-74。

許士榮：〈郭秉文的高等教育辦學思想及其啟示〉，《機械工業高教研究》第
　　4期總第80期（2002年），頁15-18+41。

石猛：〈郭秉文與中國高等教育近代化〉，《教育史研究》第1期（2010
　　年），頁104-108。

奉莉：〈近40年郭秉文教育思想研究綜述——紀念郭秉文先生逝世40週
　　年〉，《當代教育與文化》第2卷第3期（2010年5月），頁107-111。

李淑萍、劉學倫：〈郭秉文「實用教育」思想對先秦兩漢教育與學術的反
　　思〉，《郭秉文與東南大學》（南京：東南大學高等教育研究所，2011
　　年），頁84-93。

李淑萍、劉學倫：〈郭秉文「訓育」方法與儒家教育思想的關係〉，《郭秉文
　　教育思想研究》（南京：東南大學出版社，2014年），頁124-135。

周慧梅：〈第一位中國博士研究生及其在哥倫比亞大學師範學院學習情況——
　　以郭秉文檔案資料為中心（1911-1914）〉，收錄於《郭秉文——教育家、政
　　治家、改革先驅》。

國家圖書館出版品預行編目（CIP）資料

新譯中國教育制度沿革史 / 郭秉文原著；沈聿德譯 . -- 初版 . --
桃園市：中央大學出版中心；臺北市：遠流，2017.11
面；　公分 . --
ISBN 978-986-5659-14-1（平裝）

1. 教育制度　2. 教育史　3. 中國

526.192　　　　　　　　　　　　　　　106016573

新譯
中國教育制度沿革史

原著：郭秉文
譯者：沈聿德
校注：李淑萍
執行編輯：曾炫淳
編輯協力：簡玉欣

出版單位：國立中央大學出版中心
　　　　　桃園市中壢區中大路 300 號

　　　　　遠流出版事業股份有限公司
　　　　　台北市南昌路二段 81 號 6 樓

發行單位／展售處：遠流出版事業股份有限公司
地址：台北市南昌路二段 81 號 6 樓
電話：(02) 23926899　傳真：(02) 23926658
劃撥帳號：0189456-1

著作權顧問：蕭雄淋律師
2017 年 11 月 初版一刷
售價：新台幣 300 元

YLib 遠流博識網 http://www.ylib.com E-mail: ylib@ylib.com